기독교인이 꼭 가봐야 할 국내성지 175

국내성지여행 가이드북

기독교인이 꼭 가봐야 할 국내성지 175

국내성지여행 가이드북

초판 1쇄 인쇄   2008년 8월 10일
개정 3쇄 발행   2023년 8월 16일

저 자 이 성 필
발행인 이 명 수
발행처 도서출판 세줄 (등록번호 2-4000)
        서울시 중구 인현동 1가 115-1(02.2265-3748)
총판처 가나북스
        경기도 파주시 파평면 율곡로 1406
        TEL. 031)959-8833 FAX. 031)959-8834

값 20.000 원

ISBN 979-11-88798-31-5

기독교인이 꼭 가봐야 할 국내성지 175

국내성지여행 가이드북

이성필 목사

양화진 외국인선교사묘원(서울)

도서출판 세줄

역사 탐험가 이성필 목사, 그는 항구에 정박해 있는 배가 아니다. 그는 끊임없이 항해하는 선박이다. 오늘도 그의 탐험의 항해는 파도를 가르고 앞으로 나아가고 있다.

이 땅의 기독교 선교문화 유산을 찾아 나선 그의 탐방은 멀티 컬처의 차원으로 우리를 초대하고 있다. 기독교 유적지 175여 군데의 현장사진과 그 배경 이야기 등은 단순한 사진집의 기능을 뛰어넘는 입체적 문화유산 답사기이다.

그의 카메라 앵글을 따라가며 그의 진솔한 설명을 듣노라면 높은 역사 인식과 건축미학의 역사와 그 예술성의 황홀경에 빠지게 된다. 순교성지, 선교기념관, 역사박물관 등과 기독교 문화유산의 향기가 깃든 교회들의 외형과 내부의 모습을 조화롭게 보여 주는 이 책은 이름 그대로 한국기독교성지여행 가이드북이다.

저자 이성필 목사는 사진예술가이다. 그를 단순한 사진작가의 범주에 제한하는 것은 잘못이다. 그의 사물을 보는 시각은 어제와 오늘 그리고 미래의 통찰을 한 프레임에 갈무리하는 데 있다. 그리고 그 고정시킨 공간에서 생명의 말씀을 창출하는 데 탁월하다. 그래서 그의 작품은 살아 있는 시청각적 메시지이다.

선견자 예레미야는 살구나무 가지를 바라보고 있었다. 그리고 북으로부터 기울어진 끓는 기름가마를 바라보고 있었다. 하나님께서 물으셨다. "네가 무엇을 보느냐?" 예레미야는 본 것을 아뢰었다. 하나님께서 그에게 말씀하셨다. "네가 잘 보았도다. 이는 내 말을 그대로 이루려 함이다. 재앙이 북방에서 일어나리라." 예레미야에게 말씀하셨던 하나님께서는 오늘 우리에게 다시 물으신다. "네가 무엇을 보느냐?"

이 물음 앞에 우리는 이 땅의 기독교 문화와 선교의 유적지를 친절한 가이드 이성필 목사와 함께 떠나자. 마침내 잃어버린 처음 사랑을 찾아서 대탐험의 닻을 들자.

2008년 6월 10일

박 종 구 | 월간목회 발행인

성지순례 하면 대개는 성경상에 나오는 지역을 경비와 시간을 들여 비행기를 타고 떠나는 해외성지순례를 떠올리기 마련이었던 시절에, 필자는 복음전파 이래 세계선교역사상 어느 지역, 어느 나라, 어느 민족에서도 찾아 볼 수 없었던 한국 기독교 선교 140년에 이르는 국내 선교 역사의 현장을 발굴, 탐사, 기록하면서, 한국교회 복음의 역사가 땅끝까지 복음을 전파하는 세계선교센터로 발돋움하게 된 원동력은 무엇이며 어떻게 보존되고 있는지가 궁금했다.

글로벌 IT시대에 21세기 선교지역을 감당할 막중한 사명이 한국교회에 주어져 있음을 물론 능히 그럴 능력을 갖추고 있음을 깨닫고 그 뿌리를 찾고자 하는 일념으로 이를 찾기 위해서 카메라와 펜 한자루를 들고 한반도를 방방곡곡 누비면서 선교사님들의 사역들과 자생한 교회들, 한국교회 생명의 근본인 피흘린 순교자의 발자취, 지역 복음화는 물론 그 사회의 문화적 개화, 교육, 의료, 기업, 체육 등에 기여한 태동의 역사를 찾았다.

그 감동과 은혜를 한국교회에 전하려고 믿음으로 떠나는 신행여행(信行旅行)을 출판한후 순례자 여러분의 성원을 얻어 137곳에서 제2권에는 153곳의 기독교 유적지로 단장하여 발간하였다.

제2권이 절판이 되어 재판 요구가 많아졌다. 이를 기회로 새로 찾아내고 새롭게 고증된 최초 복음전래의 20여 곳을 추가로 탐사하여 보완 증보판으로 제3권을 "국내성지순례"라는 책 제목이 가톨릭 냄새가 난다 하여 "국내성지여행"으로 발간하게 된 것이다. 특별히 초판부터 이번 제3판에 이르기까지 한결 같이 물심양면으로 함께 하여 출간할 수 있도록 큰 힘을 주신 도서출판 세줄기획 대표 이명수 장로님께 진심으로 감사드립니다.

2023년 여름 영종도에서

이 성 필 목사

교회마다 "1박 2일 국내성지여행" 갑시다.

필자는 책으로 보는 국내성지순례의 은혜와 감동을 실감하는 순례자의 모습을 보면서 "국내성지여행"프로그램을 신설하고 20여 년동안 100회가 넘도록 이르고 있으며 한 교회, 한 성도도 후회하지 않고 모두가 은혜를 충만히 받고 새로운 결단함에 작은 보람을 갖는다.

예를 들면 어떤 성도는 같은 코스를 4번이나 다녀오면서 갈 때마다 새로운 은혜를 체험했다고 하며, 김O노회는 6차례 거의 매년 성지여행을 하기도 했던 것이다.

요즘 교회에서 여행을 많이 하는데 이왕이면 국내성지여행을 하므로 은혜도 받고 여행도 하는 교회가 되길 바라며, 저의 꿈은 세계인들이 국내(대한민국)성지여행을 하기 위해 이 땅으로 몰려오길 기도합니다.

국내성지여행는 A코스(서울, 군산, 영광, 증도, 목포, 여수, 김제), B코스(서울, 강화, 경기, 충청), C코스(서울, 대구, 부산, 창원)로 나누어 인도하고 있다.

"국내성지여행"을 시행한 결과 한국교계에 "지도자 훈련", "임직자 훈련", "목회자 부부수양회" 등으로 정착하고 있으며 영적 향상의 열매가 풍성하게 열리고 있다.

특히 전국순례로 지역음식의 맛과 멋지고 아늑한 숙소, 성도간의 교제 등이 큰 인기를 얻고 있다.

1박2일 동안 1,200km 여정이 테마별로 "한국교회의 뿌리", "처음 들어온 선교사", "순교자의 발자취" 등을 통하여 전도, 희생, 사랑, 배려, 용서 등 교회론까지 갖춰진 영적, 육신적 힐링의 산 부흥회입니다. 필자가 직접 동행 가이드합니다. 많은 참여 바랍니다.

문의 : 이성필 목사   010-3856-0091

아직도 국내성지여행를 모르시나요?
한국 복음화를 향한 하나님의 놀라운 발자취를 단 며칠 만에 !

한국 대부분의 성도들에게 있어서 성지순례하면 곧바로 떠오르는 지역이 이스라엘과 터키 정도가 될 것이다. 여기에 조금 더 하면 이집트, 요르단, 그리스, 로마, 마케도냐 .... 하지만 이 지역들은 한국에서 부터 워낙 먼거리이다 보니 일정과 드는 경비가 생각보다 크게 부담이 되는 것이 사실이다. 일정은 최소 9박에 경비도 1인당 200만원에서 300만원 이상 드는 것이 현실이다. 하지만 수 년 전부터 획기적인 일정과 경비로(외국성지순례의 1/20) 국내성지순례를 하나로 엮어 한국 성도들에게 선물로 내어놓은 사람이 있다.

전 세계의 기독교 성지뿐만 아니라 국내 전국의 기독교 성지를 수 십 년 직접 발로 누비며 얻어낸 사진을 자료로 이미 여러 권의 성지순례 가이드북과 묵상집을 내신 현장 목회자요, 부흥강사이며, 현 사진작가이신 이성필 목사가 바로 그이다. 이전에 보지 못한 전혀 새로운 이동형 국내성지 부흥집회를 기도 가운데 한국교회와 성도들 앞에 정성스럽게 준비하여왔고, 이미 수많은 교회와 목회자들, 신학생들과 직분자들이 이 성지순례를 통하여 놀라운 은혜를 체험하고 간증하고 있다.

그의 가이드에 은혜가 더하여지는 이유는 그가 초대교회사, 중세교회사 뿐만 아니라 한국교회사에 이르기까지 지극한 관심과 연구를 해왔고, 현재도 신학교에서 교회사 강의를 맡고 있기 때문이기도 하다. 그 때문인지 1박2일, 2박3일의 짧은 국내성지순례 일정을 통하여 한국 교회사를 관통하는 하나님의 놀라운 섭리를 훌륭한 Storyteller를 통하여 영화를 한편 보듯이 생생하게 각인할 수 있게 된다는 것이다.

한국 선교의 태동을 느낄 수 있는 양화진 외국인선교사묘지에서 출발하는 국내성지순례는 전교인의 3/4인 77명의 순교자를 낸 염산교회, 최초로 성경이 전해진 마량진, 1년에 고무신 아홉켤레가 닳아 없어질 정도로 전도하며 100여개의 교회를 세우고 순교한 문준경 전도사의 순교지 증도, 두 아들을 죽인 자를 양아들로 삼고 한센병 마을 소록도에서 그들의 피를 빨아주며 평생을 같이한 손양원 목사의 사역지와 순교의 장소에서 은혜의 절정을 이루게 된다. 이외에도 그가 개발해낸 국내성지 순례지는 100여 곳이 훌쩍 넘는다. 한 가지 더 할 수 있는 매력은 그가 직접 모든 성지를 발로 뛰면서 이루어낸 코스이기에 곳곳에 훌륭한 먹거리와 아름다운 정경의 숙소가 성지순례의 여정을 더욱 풍요롭게 하고 있다.

국내 성지의 현장에서 살아있는 순교의 숨결을 느끼며 이루어지는 평생 잊을 수 없는 뜨거운 부흥집회! 여러분을 거룩한 국내성지여행으로 초대합니다. 특히 일군의 임직을 앞둔 교회나 각 기관장, 교육기관 일군들은 행사 후 반드시 뜨거운 은혜를 받아 교회의 충성된 일군이 될 것이 확신하는 바입니다.

차례

추천의 글 ● 4

저자 서문 ● 5

서울

1 양화진 외국인묘지공원 ● 13
2 광혜원 ● 16
3 정동제일교회 ● 17
4 새문안교회 ● 18
5 배재학당역사박물관 ● 19
6 이화학당 ● 20
7 보구녀관/이대부속병원 ● 21
8 승동교회 ● 22
9 연동교회 ● 23
10 정신여학당 ● 24
11 서교동교회 ● 25
12 세곡교회, 내곡교회 ● 26
13 서울성공회성당 ● 27
14 구세군 ● 28
15 주시경 마당 ● 29
16 이화장 ● 30
17 해밀턴 쇼 ● 31
18 영락교회 & 순교자 김응락 장로 ● 32
19 한국교회순교자기념탑 ● 33
20 연세대학교 ● 34
21 이화여자대학교 ● 36
22 아현교회 ● 37

23 감리교신학대학교 ● 38
24 성니콜라스정교회 ● 39
25 총신대학교 ● 40
26 숭실대학교 ● 41
27 숭실대학교 한국기독교박물관 ● 42
28 장로회신학대학교 ● 43
29 성공회대학교 ● 44

인천

30 한국기독교100주년기념탑 ● 45
31 대불호텔전시관 ● 46
32 내리교회 ● 47
33 영화초등학교 ● 48
34 국제성서박물관(주안감리교회) ● 49
35 강화교산교회 ● 50
36 홍의교회 ● 51
37 강화중앙교회 ● 52
38 합일초등학교 ● 53
39 교동교회 ● 54
40 강화서도중앙교회 ● 55
41 강화읍성당 ● 56
42 온수리성공회성당 ● 57
43 중화동교회 및 백령기독교역사관 ● 58

44 소래교회 ● 59

45 한국기독교순교자기념관 ● 60

46 한국기독교역사박물관 ● 61

47 남양감리교회 ● 62

48 수원종로교회 ● 63

49 수원동신교회 ● 64

50 제암리교회 ● 65

51 수촌교회 ● 66

52 최용신기념관 ● 67

53 서울신학대학교 ● 68

54 성결대학교 ● 69

55 한신대학교 ● 70

56 협성대학교 ● 71

57 춘천중앙교회 ● 72

58 철원감리교회 ● 73

59 장흥교회 ● 74

60 대한수도원 ● 75

61 한서 남궁억기념관 ● 76

62 천곡교회 ● 77

63 예수원 ● 78

64 매봉교회 ● 79

65 공주제일감리교회 ● 80

66 공주영명중고등학교 ● 81

67 영명선교사 사택 및 선교사묘 ● 82

68 공주침례교회(현, 꿈의교회) ● 83

69 청주 양관 ● 84

70 청주제일교회 ● 85

71 한남대학교(인돈학술원) ● 86

72 목원대학교 ● 87

73 한국침례신학대학교 ● 88

74 대전신학대학교 ● 89

75 신대교회 ● 90

76 마량진성경전래지 ● 91

77 아펜젤러순직기념관 ● 92

78 칼 귀츨라프 선교사(고대도교회) ● 93

79 강경침례교회 ● 94

80 강경 북옥감리교회 ● 95

81 강경성결교회 ● 96

82 논산 병촌성결교회 ● 97

경상도

83 행곡교회 ● 98

84 용장교회 ● 99

85 척곡교회 ● 100

86 내매교회 ● 101

87 성내교회 ● 102

88 영주제일교회 ● 103

89 연당교회 ● 104

90 상락교회 ● 105

91 비안교회 ● 106

92 안동교회 ● 107

93 이원영 목사 생가 사은구장(仕隱舊庄) ● 108

94 경안고등학교 ● 109

95 인노절 선교사비 ● 110

96 청송화목교회 & 엄주선 선교테마공원 ● 111

97 군위성결교회 ● 112

98 포항제일교회 ● 113

99 한동대학교 ● 114

100 자천교회 ● 115

101 경주제일교회 ● 116

102 대구제일교회 ● 117

103 의료선교박물관(동산의료원) ● 118

104 대구 계성고등학교 ● 119

105 대구 신명고등학교 ● 120

106 사월교회 ● 121

107 월평교회 ● 122

108 초량교회 ● 123

109 부산진교회 ● 124

110 부산진일신여학교 ● 125

111 동래중앙교회, 한국기독교선교박물관 ● 126

112 고신대학교 ● 127

113 고신대학교 복음병원 ● 128

114 부산 장신대학교 ● 129

115 주기철 목사 기념관 ● 130

116 함안 손양원 목사 생가 ● 131

117 순직 호주선교사 묘원 ● 132

118 진주교회와 형평운동 ● 133

119 남해읍교회 ● 134

전라도

120 남전교회 ● 135

121 황등교회 ● 136

122 두동교회 ● 137

123 군산아펜젤러순교기념교회 ● 138

124 한일장신대학교 ● 139

125 제내교회 ● 140

126 하리교회 ● 141

127 전주 서문교회 ● 142

128 전주기독교근대역사기념관 ● 143

129 전주 예수병원 ● 144

130 전주 기전여자중 · 고등학교 ● 145

131 전주 신흥고등학교 ● 146

132 리차드슨기념관 ● 147

133 대창교회 ● 148

134 금산교회 ● 149

135 두암교회 ● 150

136 지리산 선교사유적지 ● 151

137 광주 양림동산(양림동선교사묘지) ● 152

138 호남신학대학교 ● 153

139 삼도교회 ● 154

140 우일선 선교사 사택 ● 155

141 광주 양림교회 ● 156

142 오방 최흥종기념관 ● 157

143 광주수피아여고/ 숭일고 ● 158

144 광주제일교회 ● 159

145 남평교회 ● 160

146 염산교회 ● 161

147 야월교회 ● 162

148 해제중앙교회 ● 163

149 용학교회 ● 164

150 문준경전도사 순교기념관 ● 165

151 지도봉리장로교회 ● 166

152 목포 정명여고 ● 167

153 목포 양동교회 ● 168

154 목포 양동제일교회 ● 169

155 목포 공생원 ● 170

156 영암읍교회 ● 171

157 구림교회 ● 172

158 상월교회 ● 173

159 천해교회 ● 174

160 독천교회 ● 175

161 강진읍교회 ● 176

162 서재필기념공원 ● 177

163 순천 기독교선교역사박물관 ● 178

164 순천 매산고 ● 179

165 신황교회 & 광양기독교100주년기념관 ● 180

166 여수애양원 & 손양원목사 순교기념관 ● 181

167 우학리교회 ● 182

168 소록도중앙교회 ● 183

169 하멜기념비 ● 184

170 성안교회 ● 185

171 대정장로교회 ● 186

172 금성교회 ● 187

173 모슬포교회 ● 188

174 이기풍선교 기념관 ● 189

175 마라도교회 ● 190

* 찾아보기 (가나다순) ● 191

1 양화진 외국인묘지공원

마포구 양화진길 46(독막로 20)   https://yanghwajin.net

안장자 Who Art Here

게일 가족 Gale Family D-8
레이놀즈 가족 Reynolds Family A-46
마르텔 E. Murtel A-15
무어 S. F. Moore A-34
뮬렌스텍스 H. J. Muhlenstreth D-7
벙커 벙커스 Bunker Family A-22
베델 E. T. Bethell A-2
베어드 가족 Baird Family F-15
벨 L. J. W. Bell A-49
브로크만 가족 Brockman Family B-16
소다 가이지 Soda Gaichi C-30
쇼 가족 Shaw Family F-21
스크랜턴 M. F. Scranton B-44
아펜젤러 가족 Appenzeller Family C-12
언더우드 가족 Underwood Family F-25
에비슨 가족 Avison Family F-43
에케르트 F. Eckert A-8
웨이드 J. A. Wade F-10
윌본 가족 Welbon Family A-51
위더슨 M. Widdowson A-31
치즈카네 S. V. Tchirkine D-38
캠벨 J. E. P. Campbell B-8
켄드릭 R. B. Kendrick B-9
클라크 가족 Clark Family B-27
킬보른 가족 Kilbourne Family D-13
터너 A. B. Turner I-7
테일러 A. W. Taylor A-9
파울링 가족 Pauling Family A-58
피터스 가족 Pieters Family A-33
하디 가족 Hardie Family B-1
핼리팩스 T. E. Halifax B-40
허버트 H. B. Hulbert B-7
헤론 가족 Heron Family C-21
홀 가족 Hall Family C-19

※ 외 기타 All including the above

1. 선교기념관(Mission Memorial)
2. 양화진홀(Yanghwajin Hall)
3. 양화진홍보관(Yanghwajin Memorial)
4. 양화진봉사관(Visitor Center) ⓘ 맞힘방(Information)
5. 쇼별관(Annex)
6. 양화진문화원/기록관(Yanghwajin Institute/Archives)
7. 야외무대(Outdoor Stage)

선교기념관   양화진   절두산순교성지(천주교)

헤론 가족   양화진에 최초로 묻힌 존 헤론(1893년)   마지막으로 묻힌 언더우드 일가
                                                                  3대 원일한 장로(2004년)

서울 양화진(楊花津, 버들꽃나루)은 노량진, 동작진, 한강진, 송파진과 함께 서울의 오진(五津)이었다 특히 양화진은 조선정부에게 있어서 교통과 국방의 요충지였다. 양화진 앞 강물이 깊어 큰 배도 드나들 수 있었기 때문이다. 근처에는 누에의 머리처럼 생겼다고 해서 잠두봉(蠶頭峰)으로 불리는 봉우리도 위치하고 있다. 천주교에서는 이곳 잠두봉에서 많은 신자들이 머리를 잘려 죽었다고 해서 절두산이라고 부르기도 한다. 양화진에 '서울외국인묘지공원'이 위치하게 된 이유는 알렌에 이어 제중원의 원장이 된 헤론(J. W. Heron)이

전염병에 걸린 환자들을 돌보던 중, 자신도 이질에 걸려 1890년 7월 26일 34세의 일기로 삶을 마감하게 되었기 때문이다. 이때 많은 선교사들이 고종 임금에게 묘지를 요청하였고, 고종이 허락하여 양화진에 서울 외국인 공원묘지가 위치하게 된 것이다.

이곳에 묻혀 있는 많은 선교사들은 우리나라가 일제치하에서 고통당하고 있을 때 우리민족을 위해 헌신했던 분들이다. 우리는 이곳에서 순교신앙을 배워야 한다. 이곳에는 약 500여 명의 묘가 위치하고 있다. 이중에서 선교사의 묘는 145기다.

제물포에 상륙하신 아펜젤러의 첫 기도

소다 가이치

홀 가족

어린아이의 묘

언더우드 가족

"내게
천(千)의 생명이
있어도 나는 조선을
위해서 바치겠노라"
(켄드릭)

루이 레이첼 켄드릭

헐버트

스크랜튼

하디 가족

2 광혜원

서대문구 연세로 50-1 연세의료원 https://blog.naver.com/meet_the_sev

광혜원은 한국 최초의 서양식 국립의료기관으로 1885년
(고종 22년) 2월 29일 미국 선교의사인 H. N. 알렌(한국명: 安
蓮)이 서울 재동(齋洞)에서 왕립광혜원(王立廣惠院)이라는 이
름으로 설립했다 알렌은 1884년 9월 미국 북장로교의 의
료선교사로 한국에 들어와 활동하던 중, 갑신정변 때 칼
을 맞아 중상을 입은 민영익(閔泳翊)을 치료해 생명을 구
해준 것이 인연이 되어 고종의 총애를 받아 왕실부(王室附)
시의관으로 임명되었으며, 병원 설립을 건의하여 고종의
허락을 받았다. 정부는 광혜원 규칙을 제정해 국립병원으
로서 원장격인 광혜원당랑(廣惠院堂郞)을 두었으며 의료진
으로는 미국인 의사인 알렌을 초빙해 환자 진료를 실시했
다. 광혜원은 개원 12일 만인 3월 12일 통리교섭통상사
무아문(統理交涉通商事務衙門)의 계(啓)에 따라 제중원(濟衆院)
으로 이름을 바꿨다 제중원을 찾는 환자 수와 업무량이
많아지자, 선교사 J. H. 헤론이 가세하여 의료활동에 종사
하였다. 1886년 여의사 A. J. 앨러스가 오면서 부인부(婦人
部)가 설치되고 이듬해 정부의 후원으로
홍영식(洪英植)의 집(지금의 을지로 입구 한
국외환은행 본점 자리)으로 옮겼다. 광혜
원(제중원)이 세브란스병원으로 이름
이 바뀐 배경에는 이러한 이유가 있
다. 1899년 에비슨이 안식년 휴가
차 미국을 방문했을 때 '국제선교사
대회'에 참석하게 되었다. 이때 한국
에서의 의료선교에 대한 보고를 했
는데 그 자리에 참석했던 세브란스
(Louis H. Seve rance)가 감동을 받고 일
만 달러를 기부하여 1904년 새롭게
병원을 신축했을 때 병원 이름을 세
브란스병원으로 바꾼 것이다.

"한국 최초의
서양식 국립의료기관
광혜원!"

광혜원 정문

우리나라 최초 국립 병원 광혜원 (제중원)

3 정동제일교회

중구 정동 정동길 46 chungdong.org

정동제일교회

아펜젤러 흉상

100주년
기념탑

"덕수궁 돌담길, 늘 열려있는 교회"

1885년 10월 11일 아펜젤러 선교사가 정동에 있는 자신의 사택에서 한국인들과 처음으로 예배를 드림으로 교회가 시작됐다. 그는 장로교 언더우드 선교사와 함께 입국하였을 뿐만 아니라 성경을 함께 번역하는 등 서로 협력하며 이 땅에 하나의 교회를 이루어 가자고 노력했던 선교사다. 그러나 아펜젤러 선교사는 한국어 조수 조한규와 정신여학당 여학생과 동행하여 목포에서 열린 성서번역자 모임에 참석하러 배를 타고 가자가 다른 배와 충돌하는 사고로 죽음을 당했다. 조난 당한 배에서 살아남은 광산업자 보울 비에 따르면 아펜젤러 선교사는 충분히 탈출할 시간이 있었음에도 불구하고 3등 선실에 있

던 한국인 조수와 정신여학당 여학생을 구하려고 아래로 내려갔다가 참변을 당했다고 한다. 정동제일교회는 3. 1운동 당시 민족대표 33인 중 한 분인 이필주 목사가 담임하고 있었다. 따라서 온 교인들이 3. 1운동에 동참했다. 민족과 함께한 교회였다. 정동제일교회는 1897년 건축된 한국 최초의 서양식 개신교 건물인 벧엘예배당을 비롯하여 1918년 봉헌된 최초의 파이프 오르간, 김인식·이흥렬이 이끌었던 정동성가대 등을 통해 이 땅에 새로운 문화와 문명을 소개하는 일에도 앞장섰다. 정동제일교회에는 〈만곡기독교 역사자료실〉이 있다.

4 새문안교회

종로구 새문안로 79 http://www.saemoonan.org

2019년 11월 23일 새예배당 준공

교회 역사관

언더우드기념비 & 김영주 목사 순교기념비

"한국의 어머니교회"

새문안교회(구 정동교회)는 1887년 9월 27일 (화) 밤, 서울 정동 13번지(현 예원중학교 운동장 자리)에 위치한 언더우드(H. G. Underwood) 목사의 사저에서 시작되었다. 1894년에 일어난 갑오농민전쟁과 청일전쟁의 전화(戰禍)로 사회가 혼란해지면서 교인 수가 급증하자 지금의 피어선빌딩(현 서울역사박물관 맞은편) 자리에 예배당을 신축하여 이전하였다. 1904년 10월 송순명 장로의 장립으로 한국교회 최초의 당회가 구성되었으며, 1910년 5월 29일 현 위치에 예배당을 신축하여 이전하였다. 이때 최초의 한국인 7인 목사 중 한 분인 서경조 목사가 언더우드 목사의 동사(협동)목사로 있었다. 언더우드 선교사는 1885년 4월 5일 부활절 한국에 첫발을 디딘 후, 정부의 금교 조치에 막혀 제중원(廣惠院)의 일을 돕는 한편, 고아학교(현 경신고등학교) 운영을 통한 복음선교활동을 하다가 1887년 9월 27일 새문안교회를 설립한 것이다. 한편 언더우드 선교사는 연세대학교를 설립하기도 했다. 새문안교회에는 〈교회 사료관〉이 있어 새문안교회의 역사는 물론이고, 한국교회의 초기 역사에 대한 많은 자료를 볼 수 있다.

5 배재학당역사박물관

중구 서소문로11길 19 appenzeller.pcu.ac.kr

배재학당은 1885년 8월 미국 북감리교 선교사인 H. G. 아펜젤러가 설립했다. 오늘 날의 배재중·배재고·배재대학교의 전신이다. 1885년 7월 서울에 도착한 아펜젤러가 1개월 먼저 와 있던 W. B. 스크랜턴의 집을 구입, 방 두 칸의 벽을 헐어 만든 교실에서 2명의 학생을 가르치기 시작한 것이 그 시초이다. 이에 고종은 1886년 6월 '배재학당(培材學堂)'이라 이름 지어 간판을 써 주었고, 그해 10월 학생 수는 20명으로 늘었다.

아펜젤러는 "통역관을 양성하거나 우리 학교의 일꾼을 가르치려는 것이 아니라, 자유의 교육을 받은 사람을 내보내려는 것이다."라고 설립 목적을 밝혔고, '욕위대자당위인역(欲爲大者當爲人役)'이라는 학당훈(訓)을 내걸었다. 그리스도교인과 국가인재양성을 위하여 일반 학과를 가르치는 외에, 연설회·토론회 등을 열고 사상과 체육훈련에 힘을 쏟았다. 당시 배재학당에 설치되었던 인쇄부는 한국의 현대식 인쇄시설의 효시이다. 안타깝게도 이곳에 남아 있던 많은 건물들이 다 헐리고 이제는 동관 건물만 남아 있다. 2001년 서울시 기념물 16호로 지정되었다.

배재학당 심벌

"자유 교육을 받은 사람을 내보내는 것" (아펜젤러)

고종황제의 현판 하사

배재학당터 남궁억 집터

배재학당
역사박물관

6 이화학당

중구 정동길 26 https://ewha.hs.kr

스크랜튼   이화학당(이화박물관)

이화여고

"1886년 5월, 한 명의 학생으로 시작했다"

서울 이화학당은 1886년(고종 23) 해외여성
선 교회에서 파견된 메리 F. 스크랜튼(Mary F.
Scranton)이 서울 황화방(皇華坊), 지금의 중구
(中區) 정동(貞洞)에 설립한 한국 최초의 사립
여성교육기관이다. 제1대 당장인 스크랜튼
의 교육이념은 기독교 교육을 통하여 한국
여성들을 '더 나은 한국인으로 양성하는 것',
즉 한국인의 긍지와 존엄성을 회복하고 진정
한 한국인을 육성하는 것이었다. 이듬해인
1887년 2월에는 고종황제가 외아문을 통해
'이화학당(梨花學堂)'이라는 교명과 현판을 하
사하였다. 이화라는 교명은 '배꽃 같이 순결

하고 아름다우며 향기로운 열매를 맺으라.'
는 뜻을 담고 있다. 한 명의 학생으로 시작한
이화학당은 점차 학제를 정비하여 1904년에
는 중등과를, 1908년에는 보통과와 고등과
를 신설함으로써 마침내 보통·중등·고등과
정의 일관된 학제를 마련하였다. 이화학당은
1908년 6월, 5명의 제1회 중등과 졸업생을
배출하였고 1910년에는 4년제의 대학과를
설치하여 1914년 4월 신마실라·이화숙·김
애식 등 한국 최초의 여대생을 배출하였다.
아울러 1914년에는 우리나라 최초의 이화유
치원을 설립하기도 했다.

7 보구녀관/이대부속병원

강서구 공항대로 260 https://www.eumc.ac.kr/main.do

보구녀관은 조선 선교가 시작된 지 얼마 지나지 않은 1887년 10월에 스크랜튼 선교사 부인이 설립한 한국 최초의 근대 서양식 여성전용병원이자 의료교육기관으로 현 이화여자대학교 의과대학과 이대의료원의 전신이다. 스크랜튼 여선교사는 남녀 7세 부동석의 관념으로 남성 의사의 진료를 꺼려하는 조선 여성들의 진료를 위하여 미국감리교회 여성해외선교회의 후원을 받고 최초의 여성 의료 선교사인 메타·하워드를 초대원장으로 1887년 10월 31일에 섬김과 나눔, 도전의 최초 여성전용병원을 개원하였다. 조선국왕 고종은 "널리 여자(환자)들을 구(치료)하는 집"이라는 뜻으로 〈普救女館〉 명칭을 하사하였다. 보구녀관은 조선의 첫 여성의사인 박에스더, 첫 간호사인 이그레이스와 김마르다를 배출하였다.

이화여자대학교 동대문병원

보구녀관 복원 (마곡동)

"메리 스크랜튼 선교사가 설립한 한국 최초의 근대식 여성병원"

이화여자대학교 부속 서울병원 (마곡동)

8 승동교회

종로구 인사동길 7-1 http://www.seungdong.or.kr

승동교회는 1893년 6월 사무엘 무어(S. F. Moore) 선교사에 의해 '곤당골교회'라는 이름으로 지금의 롯데호텔 부근에서 설립되었다. 현재의 위치로 이사한 것은 1905년이다. 1892년 서울에 도착한 사무엘 무어 선교사는 교육에 많은 관심이 있어 곤당골에서 소학교를 운영하였고, 뜨거운 열정으로 복음을 전했다. 당시 곤당골 근처에는 작은 개천이 흐르고 있었는데 이곳에는 백정들이 모여 살고 있었다. 사무엘 무어가 곤당골에 교회를 설립한 것을 보면 그가 얼마나 가난하고, 비천한 사람들을 사랑했는가를 알 수 있다. 사무엘 무어의 전도를 통해 주님을 영접한 사람중에는 박성춘이라는 사람이 있었는데 그는 주님을 영접하자마자 주님 안에서는 신분의 차별이 없음을 알고 고종 임금에게 백정들도 양반들처럼 갓을 쓰고, 도포를 입게 해달라는 상소를 올려 허락을 받아냈다. 결국 승동교회는 신분차별 타파에 앞장섰던 교회이다. 3. 1운동 당시 전국에서 모인 학생 대표들이 교회 지하실에 모여 독립운동을 모의하고 동참하기도 했다.

승동교회 (유형문화재 제130호)

"백정도 하나님의 소중한 자녀다" (무어 목사)

승동교회

무어선교사

3.1독립운동 기념터

9 연동교회

종로구 김상옥로 37 http://www.ydpc.org

*"가난한 천민이 많았던
지역에 자리한 연동교회"*

게일(이길함) 선교사

서울 연동교회는 1894년 설립되었다. 1894년 선교사 이길함(Graham Lee, 李吉咸)과 서상륜 조사의 지도하에 현재의 예배당이 위치한 곳에서 가까운 곳에 있는 초가 한 채를 매입하여 예배당을 설립한 것이다. 연동교회 초대 목사인 게일 선교사는 갓바치(천민)들을 진심으로 사랑한 목회자였다. 또한 감옥에 들어가 있는 인사들에게도 열심히 전도하여 3. 1운동 당시에는 많은 독립운동가들이 연동교회를 출석하게 되었다. 3. 1운동 당시 파고다 공원에서 독립선언서를 낭독한 정재용은 경신학교 재학시 연동교회를 출석하였다. 연동교회에 가면 반드시 자료실에 들러 게일 선교사가 번역한 성경을 보아야 한다. 게일 선교사는 한국인들이 말할 때 주어를 생략한다는 사실을 염두에 두고 성경을 번역했다.

서울 연동교회

10 정신여학당

종로구 대학로 3길 29   https://chungshin.sen.hs.kr

정신여학교는 1887년 6월 미국 북장로교 선교부에서 여학생들을 교육하기 위하여 정동에서 시작되었다. 애니 엘러스(Annie J. Ellers)선교사가 초대 교장에 취임하였다. 연지동으로 학교를 옮긴 것은 1895년 10월이다. 이때 '연동여학교'라고 불리기도 했는데 1909년부터는 정신여학교로 불리었다. 지금도 연지동에는 정신여학교 본관으로 사용되던 세브란스관이 남아 있다. 그러나 안타깝게도 이 건물은 기독교인이 아닌 일반인의 소유로 방치되어 있다.

미국 북장로교 선교부는 남학생을 위해서는 경신학교를, 여학생들을 위해서는 정신여학교를 설립했다. 현재 강남으로 자리로 옮긴 것은 1978년이다.

*"기독교 유적지로
회복되길 기도한다"*

일반 사무실로 사용중

현재 정신여자고등학교0

11 서교동교회

마포구 잔다리로6길 11   home.skdch120.com

서교동교회 본당

"언더우드 선교사가 세운
역사의 향기와 젊음의 약동이
공존하는 교회"

최봉인장로 부부

언더우드기념관

주재명 목사 순교기념비

최봉인장로(양화진)

서교동교회는 언더우드선교사가 한강변 경치가 좋은 서세교(잔다리)에 1894년에 별장을 지은 후 여름철에 머물면서 잔다리예배당을 세우고 전도하고 예배하면서 시작된다. 최봉인 장로는 16세에 강릉에서 상경하여 양화진에 정착한 후 잔다리교회에서 언더우드목사에게 세례를 받고 잔다리교회(현 서교동교회)창립교인으로 1915년에 초대장로로 장립한다. 그러던중에 죤·헤론(惠論)선교사가 별세하자 최장로는 자기집 뒤에 매장하였고 이후에 그곳에 선교사들의 묘지가 늘어나게 되었고 최장로에게 감검관(묘역관리자)직분을 맡겼다. 어떤해에는 묘가 80개씩 늘어나자 최장로는 하인들과 소작인들과 함께 수백개의 선교사

묘역을 믿음으로 관리하며 죽을 때까지 60년을 헌신함으로 오늘날의 국내성지인 양화진 선교사묘역의 기초를 쌓아 온 것이다. 한국교회는 최봉인 장로의 생애와 업적을 재조명하고 기억해야 한다. 1948년 7월 4일 서교동교회 최초의 위임목사 주재명 목사가 부임한다. 1950년 6·25가 발발하자 주재명 목사는 피난가기를 거부하고 교회를 지켰다. 주일마다 종을 치고 예배를 드리던 중 같은해 8월, 보안서에 붙들려갔다가 납북되고 강계형무소에서 순교했다. 당시 주재명 목사는 31세의 젊은 나이였다. 서교동교회 예배당은 전소됐고, 주재명 목사와 함께 방서창 전도사, 염윤의 전도사도 순교했다.

12 세곡교회, 내곡교회

세곡교회/ 강남구 헌릉로569길((세곡동) http://www.segok.or.kr
내곡교회/ 서초구 능안말길 16-5(내곡동) http://www.naegok.net

알렉산더 피터스(Alrexander Albert Pieters · 한국명 피득 · 1871-1958) 선교사는 구약성경중 "시편촬요" 최초로 한국어로 번역하여 전하였고 찬송가 383, 75장의 작사자이다. 그는 러시아 유대인 출생으로 박해를 피해 일본으로 갔다가 예수를 믿고 자신에게 세례를 베푼 피터스 목사님의 이름으로 개명하였다. 한국에는 미국성서공회 권서(勸書-쪽복음을 팔면서 노방전도 함)로 파송 받아 입국했다.

서울 변두리(현재는 강남구)에 세곡, 내곡교회 등 10여개 교회를 개척하였다. 그의 생애가 잘 알려지지 않은 것은 사모님 등이 일찍 병사하였고 그도 1941년 은퇴하고 미국 LA 인근 소재 은퇴목사 시설에서 1958년 여생을 마쳤기 때문이다. 이 피터스(피득)선교사의 묘지와 사적은 박준서 연세대 명예교수님이 미국으로 가서 수소문하여 발굴하였고 피터스 선교사 기념사업회를 설립하여 알리고 있기 때문이었다.

"눈을 들어 산을 보니" (피터스 작사자)

세곡교회

내곡교회

피더스선교사 에바 필

피터스 선교사

13 서울성공회성당

중구 세종대로 21길 15   https://www.cathedral.or.kr

서울 성공회 성당

"로마네스크 양식에 한국 전통의 건축미가 조화로운 곳"

서울주교좌성당 외관

순교추모비

서울성공회성당은 서울시 유형문화재 제35호로 지정되어 있을만큼 아름다운 성당이다. 1922년 착공하여 1926년 5월 2일에 완공되었고, 1996년에 증축했다. 이 성당은 영국인 아더 딕슨의 설계대로 착공하였으나 일제치하에서 제대로 공사를 진행하기가 어려웠다. 결국 1996년에야 원래 설계대로 성당건축을 완성한 것이다. 성당 건물은 로마네스크 양식에 한국 전통 건축기법을 조화시킨 아름다운 건물이다. 성공회가 한국 선교를 시작한 것은 1885년이다. 중국 선교사로 활동하던 J. R. 울프 선교사가 내한하여 선교한 것이 기원이다. 서울성공회성당은 1890년 12월 21일 현 위치에 한옥을 구입하여 '장림성당'이라는 이름으로 명명하고 고요한 주교가 첫 미사를 집전했다. 서울성공회성당에 가면 무엇보다도 성당 건물에 관심을 기울이라고 권하고 싶다. 성당 내부에는 좌우로 주님의 12사도를 상징하는 돌기둥이 서 있고, 전면 반원형 벽면에는 예수 그리스도의 모자이크상이 새겨져 있다. 지하 성당에는 트롤로프주교의 유해가 안치되어 있다.

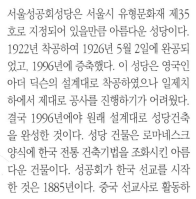

14 구세군

중구 덕수궁길 130   https://cafe.daum.net/sa1908

"이 냄비를 끓게 합시다!"

서울 구세군 중앙회관 정면

구세군 서울제일교회

구세군사관학교 구 건물은 2002년 3월 5일 서울특별시기념물 제20호로 지정되었다. 구세군유지재단에서 소유, 관리한다. 구세군은 영국의 감리회 목사 윌리엄 부스(William Booth, 1829~1912, 許加斗)가 창설한 그리스도교 교파이다. 구세군은 1908년부터 한국에서 선교사업을 시작하였다. 1907년 구세군 창립자인 윌리엄 부스 대장의 일본 순회집회 때 참석했던 유학생의 요청에 따라, 1908년 10월에 정령 허가두 사관에 의해 한국 선교가 시작되었다. 구세군의 사관 양성과 자선, 사회 사업의 본거지가 된 이 건물은 벽돌조의 지상 2층으로 1926년에 완공되었다. 좌

우 대칭으로 된 안정된 외관과 현관 앞에 배치된 거대한 기둥, 구세군사관학교가 명시되어 있는 정면 중앙 상부의 박공, 목조의 짜임 등 건물의 세밀한 부분이 조화를 이루어 이색적인 아름다움을 자아낸다. 세부적으로 개조된 부분이 있고 건물 뒷면은 증축되었지만 건립 당시의 원형을 잘 유지하고 있다. 구세군 활동과 관련한 그리스도교 유적으로 근대건축양식을 보여준다. 구세군 하면 금주(禁酒), 금연운동과 자선냄비운동을 떠올리게 되는데 그만큼 구세군은 가난하고, 소외된 백성들에게 많은 관심을 기울이고 있다.

15 주시경 마당

종로구 당주동 108

현대 IT시대에 세계언어의 문자중 최고의
과학적 우수문자로 인증된 한글은 1446년
음력 9월에 조선 세종대왕에 의해서 창제된
훈민정음(訓民正音)으로 반포된 우리 민족의
고유 글자이다.

*"언문(한글)이 중국 글자보다
더 필요하건만 사람들이
그것도 모르고 업신여기니
어찌 아깝지 아니한가!"*

그러나 사대주의에 젖어있던 조정과 양반계
급의 반대에 부딪혀 보급이 어려웠다. 더구
나 일본제국은 우리말과 한글 사용을 금지,
한글 말살정책을 강요했다. 사라질뻔한 한글
을 지키고 발전 실용화하는데는 미국 감리교
선교회 소속 호머 B.헐버트(한국명:헐벗) 선교사
와 배재학당에서 만난 주시경의 한글사랑과
열정 때문이다.

특히 〈한글〉이라는 우리말 이름을 창안하여
사용하였고 국어문법·국어사전등 많은 저
서로 한글을 체계화하고 보급하는데 평생을
바친 주시경과 조선사람보다 한글을 더 사랑
하고 연구하고 저서 출판, 한글신문인 독립
신문발행 등은 물론 미국인 신분을 이용하여
전 세계에 한글과 한민족의 문화적 우수성을
전파한 헐버트 선교사 두분의 공로가 크다.

헐버트 박사

주시경 선생

16 이화장

종로구 이화장1길32(이화동)

"이 땅에
자유민주주의를 지킨
대한민국의
초대 대통령 이승만"

초대 대통령
우남 이승만 박사

서울 이화장

이화장 정문

조각정

우남 이승만 박사 기념관

이화장은 초대 대통령을 지낸 이승만(李承晚) 전대통령의 사저를 말한다 1920년대에 지어진 것으로, ㄷ자형의 한옥과 조각정(組閣亭) 등의 부속건물로 이루어진 대저택이다. 이곳 일대에는 인평대군(麟坪大君)의 석양루(夕陽樓)가 있었으며 중종때 의학자 신광한(申光漢)이 살았기 때문에 신대(申臺)라고 하였다. 이화장 뒷문쪽의 바위에는 신대를 기념하는 <홍천취벽(紅泉翠壁)>이라는 강세황(姜世晃)의 각자(刻字)가 있다. 이화장 그 자체로는 특징이 없으나 초대 대통령이 기거하였고, 남동쪽 언덕에 있는 작은 별채인 조각정에서 초대 내각이 구성되었다는 역사적 의미를 가지고 있다. 서울특별시 기념물 제6호로 지정되어 있다.

17 해밀턴 쇼

은평구 서오릉로 47

"한국에서 태어났으니
나도 한국 사람입니다.
조국에 전쟁이 났는데 어떻게
마음 편히 공부만 할 수 있겠습니까?
내 조국에 평화가 온 다음에
공부를 해도 늦지 않습니다"

월리암 헤밀톤 쇼 동상

녹번동고개 은평평화공원에는 월리암 해밀턴 쇼(한국명:서위렴) 미 해군대위의 동상이 서 있다. 1950년 9월 22일 서울 탈환작전중 그가 전사한 곳이다. 그의 나이 29세였다. 해밀턴대위는 일제때 미감리교선교사의 외아들로 평양에서 태어나 평양외국인 학교를 졸업했으나 강제 추방되어 미국으로 건너가 미해군에 장교로 입대하여 노르망디상륙작전 등에 참전하였고 2차세계대전이 끝날 무렵 전역하고 제2의 조국 한국으로 돌아와 진해해군사관학교 교관으로 헌신하며 대한민국 해군 창설에 이바지하고 미국으로 돌아가 하버드대학 박사과정을 이수하던중 6. 25 소식을 듣자 아내와 두 자녀, 부모님께 "제가 전쟁중인 한국에 가지 않고 전쟁후 평화시에 선교사로 들어간다는 것은 제 양심에 도저히 허락되지 않는 일"이라는 편지를 남기고 한국전에 참전한다. 한국어와 지리에 능통한 쇼 대위는 9월 15일 인천상륙작전에서 맥아더 장군 옆에 있었고 자원하여 서울탈환작전에 수색조로 참전하였다가 9,28 수도탈환 6일전 29세의 젊은 나이에 소천했다. 그의 묘비에는 "사람이 친구를 위하여 목숨을 버리면 이에서 더 큰 사랑이 없나니"〈요15:13〉라고 기록되어있다.

추모비

월리암 헤밀톤 쇼 묘(양화진)

18 영락교회 & 순교자 김응락 장로

중구 수표로 33   www.youngnak.net

김응락 장로는 평북 의주군 고관면에서 태어났다. 어려서부터 주일학교를 출석하다 15세에 세례를 받고 19살에 집사 직분을 받았다. 김응락 장로는 해방 이후 공산치하에서 신앙생활을 한다는 것이 불가능하다는 것을 깨닫고 월남하여 안동교회를 출석하는 가운데 1944년에 장로가 되었다. 그러나 북한에서 월남한 성도들이 자꾸만 찾아오자 월남한 교인들을 중심으로 교회를 설립해야겠다고 결심하고 1945년 12월에 한경직 목사를 모시고 베다니전도교회(현 영락교회)를 설립했다.

영락교회 본당

교회가 날로 부흥하자 1950년 6월 5일 현재의 예배당을 완공하고 감사예배를 드렸는데 한국전쟁이 발발한 것이다. 이에 많은 성도들이 피난길에 올랐지만 김응락 장로는 예배당을 버리고 피난갈 수 없다고 하면서 교회를 지키다 인민군에게 체포되어 순교의 길을 걸어갔다.

*"나는 순교도 각오한 몸입니다.
이번에는 공산당을 피하지 않겠습니다.
예배당 입당식을 한지 한 달도
지나지 않았는데 교회를 버려 두고
어디로 간단말입니까?"*

김응락 장로의 비문에는 이렇게 쓰여 있다. "무거운 발길을 옮겨 골고다로 향하신 피 어린 주님 발자국 따라 생을 다하고 의의 길 택하시오며 모진 붉은 돌에 쓰러지실 올 때 스데반의 미소 또한 그 광채 만면에 사무치고 마지막 한 방울 피 흘리시도록 영락의 제단 부둥케 안으사 숨을 거두셨으니 베다니뜰에 첫번 맺은 순교의 원공은 장하시다."

김응락 장로
순교 기념비

19 한국교회순교자기념탑

종로구 대학로 3길 29

한국교회 100주념 기념관

한국교회순교자기념탑

여전도회관

한국기독교연합회관

"복음의 핵심은 죽는 것이다. 한국교회와 지도자들은 죽어야 산다" (채영남 목사)

한국교회100주년기념관이 위치한 연지동에는 미국 북장로교 선교부가 위치하고 있었다. 1895년 이전에는 덕수궁 근처에 있었는데 1895년 이후 덕수궁을 확장하려는 한국 정부의 계획때문에 정동선교부를 폐쇄하고 연지동으로 자리를 옮긴 것이다. 연지동에는 연동교회와 경신학교, 정신여학교가 세워졌고 선교사들의 사택도 세워지게 되었다.

지금은 이러한 자취가 많이 사라졌지만 한국100주년기념관 옆 건물은 현재 한국장로교출판사가 사용하고 있는 선교사의 사택이 남아 있어 그나마 위로를 주고 있다. 낡으면 허물어야 하는 것인지 깊이 생각해보아야 할 대목이다. 한국교회100주년기념관 근처에 있는 여전도회관 자리에는 경신학교 교장 사택과 미국 남장로교 선교사 사택이 있었다.

20 연세대학교

서대문구 연세로 50 www.yonsei.ac.kr

연세대 상징 독수리상

연세대학교 & 언더우드 선교사

*"너희가 내 말에 거하면 참 내 제자가 되고
진리를 알지니 진리가 너희를 자유케 하리라"*

연세대학교는 알렌 선교사가 1885년에 설립한 제중원과 언더우드 선교사가 1915년에 설립한 연희전문학교가 합해져 오늘에 이르고 있다. 1885년 4월 10일 고종황제가 구리개(銅峴, 현재 을지로 입구)에 제중원(濟衆院: 초기 이름은 廣惠院)이라는 병원을 설립하게 한 것이 바로 세브란스 의과대학의 효시이다. 1886년 3월 29일 학생 16명을 선발하여 개학하니 이것이 곧 연세대학교 역사의 시작일 뿐 아니라 우리나라 최초의 서양 의학 강습의 출발점이 된 것이다. 한편 1915년 3월 언더우드 선교사가 미국 북장로교 해외선교부의 적극적인 협조와 재한 남·북감리교선교부 캐나다 장로교선교부의 협력을 얻어 서울 YMCA에서 'Chosun Christian College'(문과, 수물과, 상과, 농과, 신과)라는 이름으로 최초로 개교하였다. 이 두 학교가 1957년에 합하면서 '연세대학교'가 된 것이다. 연세대학교에 가면 광혜원과 언더우드기념관을 들러보아야 한다.

연세대 연합신학대학원

윤동주 시비

세브란스병원

윤동주 기념관

21 이화여자대학교

서대문구 이화여대길 52   www.ewha.ac.kr

이화여자대학교 본관

메리 스크랜턴

이화 역사관

"더 나은 한국인으로 양성하는 것" (스크랜튼)

이화여자대학교는 1886년 미국 북 감리교 선교사인 M. F. 스크랜턴 대부인에 의하여 설립되었다. 이듬해 고종황제가 교명을 '이화학당'이라고 명명하였다. 이화여자대학교의 설립은 여성들의 지위를 향상시키고 남녀차별의 봉건적 관념에 정면으로 도전하는 쾌거였다. 1925년 '이화여자전문학교'로 개칭하였으나, 1943년 일제의 탄압으로 1년제 '여자청년연성소지도자 양성과'로 격하되었다가 1945년 '경성여자전문학교'로 다시 개명하였다. 1945년 10월 '이화'라는 교명을 되찾게 되었다. 초대 총장에 김활란(金活蘭)이 취임하였다.

22 아현교회

서대문구 신촌로 293   ahyun.net

월리암 스크랜턴

아현교회는 미국 감리교 선교사로 파송된 스크랜턴 선교사가 하나님의 인도하심을 따라 서대문 밖 마포로 내려가는 사거리 애오개에 시약소를 개설하고, 시약소를 통하여 가난한 환자들을 무료로 진료해줄 뿐 아니라 생활비 지원까지 해주었다.

스크랜턴의 의료봉사가 큰 호응을 얻자 선교부는 1887년 11월 서울 밖 사업을 허락했고, 1888년 가을, 서대문 밖 애오개에 집 한 채를 마련하고 12월부터 시약소 형태로 의료사업을 시작했으며, 1888년 12월 12일 첫 예배를 드림으로 시작되었다.

"선한 사마리아의 정신"으로 세워진 성문 밖 첫교회

아현감리교회

23 감리교신학대학교

서대문구 독립문로 56   www.mtu.ac.kr

감리교신학대학교 정문

감리교신학대학교 역사박물관

감리교신학대학교

감리교신학대학교 십자가 묵상의 길

"감리교 신학대학교는 대한민국 최초의 신학교입니다"

감리교신학대학교는 1887년 9월 美감리교 한국선교회가 선교사의 주도로 한국인 목회자 양성을 위한 목적으로 한국 학생들에게 신학교육을 최초로 실시함으로 시작되었다. 1893년 8월 31일부터 9월 8일까지 개최된 미감리교 한국선교회 제9차 연회에서 아펜젤러가 배재학당 학교장과 신학부의 부장으로 겸임 발령되었다. 이때 신학반의 학생은 3-5명, 교수는 아펜젤러, 정규과목은 창세기와 로마서 및 미감리교회 강례이며, 4년 과정의 '본처 전도사' 교육과정을 확정하였다. 1905년 6월 미감리교 선교부에서 한국인 목사 양성기관으로 일반 신학당(General Theological School)을 설립하였다. 같은 해에 미감리교 여선교회에서 여성교역자 양성기관으로 감리교 여성성경학교를 설립하였다가 1931년에 두 학교가 통폐합하여 오늘에 이르고 있다.

24 성니콜라스정교회

마포구 마포대로 18길 43(아현동) https://www.orthodoxkorea.org/

*"2022년 러시아의
우크라이나 침공이
발생하자, 러시아의
우크라이나 침공에 반대하고
평화를 기원하는 공동기도회가
열렸다. 우크라이나인 사제가
주관했으며, 행사에는 많은
주한 우크라이나인들과
주한 우크라이나 대사도
참여하였다"*

한국에 정교회가 처음 전래된 것은 1900년이다. 그해 2월 17일 러시아 정교회에서 파송된 크리산토스 신부에 의해 역사적인 첫 성찬예배가 당시 서울 중구 정동에 있었던 러시아공사관저에서 거행되면서 정교회의 한국 선교는 시작되었다. 그러나 그 뿌리를 채 내리기도 전에 교회는 시련과 난관에 봉착하게 되었다. 러일전쟁과 러시아 선교사들의 국외 추방으로 인해 지속하기가 어려웠다. 그 후 한국전쟁 당시 납북된 알렉세이 김의한 신부에 이어서 1954년 서품을 받고 어렵게 교회를 이끌던 보리스 문이춘 신부는 국고에 귀속된 교회 재산을 오랜 기간 동안의 소송으로 되찾아 1968년 서울 마포구 아현동으로 성 니콜라스성당을 이전하였고 이를 계기로 고난의 연속이었던 한국 정교회는 희망과 성장의 전환기를 맞이하게 되었다. 한국 정교회는 1993년 소티리오스 신부의 주교 서품에 이어서 한국 정교회의 교구 승격으로 체제를 갖추기 시작하였다. 한국정교회는 경기도 가평에 구세주 변모수도원이 있고, 인천, 부산, 전주, 울산, 춘천, 양구에도 성당이 있다.

성니콜라스 정교회

25 총신대학교

서울시 동작구 사당로 143 / 경기도 용인시 처인구 양지면 학촌로 110
http://www.chongshin.ac.kr

총신대학교 교회

총신대학교 교훈

"한국교회의 심장 개혁주의 신학의 산실 총신대학교"

서울 총신대학교는 1901년 평양에서 마펫 선교사에 의해 설립되었다. 장로회신학대 학과 1959년까지는 하나의 학교였으나 박형룡 교장과 연관된 사건 이후 두 학교는 교단이 나뉘면서 신학교도 나뉘게 되었다.

사당동으로 이전한 것은 1965년의 일이다. 현재 사당동에서는 학부를 중심으로 수업이 진행되고 있고, 신학대학원은 경기도 용인시 처인구 양지면 제일리 산 41-11번지에 위치 하고 있다.

신학대학원 교정에는 소래교회가 복원되어 있으며 서상륜, 이수정 선구자 기념비도 서 있다. 그리고 최봉석(최권능) 목사의 순교비도 서 있다.

양지 총신대학교 도서관

사당동 총신대학교 본관

26 숭실대학교

동작구 상도로 369   https://ssu.ac.kr

숭실대학교 정문

"역사는 눈물보다 강철을 좋아했다.
그러나 우리들은 무쇠를 녹이는
뜨거운 눈물의 역사를 만든다!"

배위량 기념비

숭실대 설립자 베어드-배위량

한경직 기념관

숭실대학교는 1897년 10월 미국 북장로교 선교사 배위량(裵緯良, W. M. Baird)에 의해 평양 신양리 26번지에서 13명의 학생으로 '숭실학당'이라는 이름으로 시작되었다. 배위량 선교사는 평양신학교를 설립한 마펫 선교사와 맥코믹 신학교 동기동창이다. 배위량 선교사는 평양으로 오기 전에 부산에서 활동했는데 그때 그 곳에서도 학교를 설립하여 학생을 가르치는 등 교육에 많은 관심을 기울였던 선교사였다. 숭실대학교는 1901년 교사를 신축 이전하면서 교명을 '숭실학당'으로 개명하였다. 1905년 '숭실대학'으로 승격하여 한국 최초의 기독대학이 되었으나, 일제의 탄압으로 1925년 '숭실전문학교'로 개편되었다가 1938년 신사참배를 거부한다는 명목으로 폐교되었다. 1954년 서울에서 '숭실대학'으로 재건하였으며 1971년 대전대학과 통합하여 교명을 '숭전대학교'로 변경하였다 1983년 대전캠퍼스는 한남대학교로 독립·분리되었다 1986년 교명을 숭실대학교로 환원하였다. 교내에 김양선 목사가 기증한 자료를 바탕으로 설립된 기독교박물관이 있다.

27 숭실대학교 한국기독교박물관

동작구 상도로 369 https://museum.ssu.ac.kr

숭실대학교 한국기독교박물관은 故 김양선 교수의 기증유물을 중심으로 하여 1960년대부터 본관이 수행한 여러 유적조사에서 출토된 유물들로 이루어져 있다. 김양선 교수는 평안북도 의주 출신으로 한국전쟁 이전부터 많은 유물을 모았는데 전쟁 후 생명을 걸고 이북을 오가며 많은 유물을 남한으로 가져와 이 박물관의 기초를 다진 것이다. 이 박물관에 가면 한국기독교역사실, 민족운동사실, 고고미술실 그리고 숭실역사실 등 4개의 전시실로 구성되어 있다. 한국기독교역사실에는 기독교의 일파인 경교(景敎, Nestorianism)와 관련된 유물을 볼 수 있다. 경주 불국사 안에서 발견된 돌십자가 등 경교(景敎) 전래 가능

성을 보여주는 유물들을 비롯하여 초기 천주교 교리서와 신앙서적, 박해 관련자료 등을 전시하여 천주교의 수용과 성장 과정을 이해할 수 있도록 하였다. 그리고 한국 개신교의 수용 및 발전상을 살펴볼 수 있도록 초기 성경을 비롯하여 각종 찬송가와 외국 선교사 관련 유물, 일제하 한국교회와 신앙운동관련 유물을 전시하여 한국 근대사에서 개신교의 발전 흐름을 이해할 수 있도록 하였다.

"한국 기독교 역사와 민족문화의 보고"

김양선 교수 흉상

한국기독교박물관

한경직 목사 흉상

28 장로회신학대학교

광진구 광장로5길 25-1 http://www.puts.ac.kr

장로회신학대학교 채플실

마팻 선교사의 묘비

장로회신학대학교

주기철목사 순교 기념비

"다시 복음으로" 교회를 위해, 민족과 함께, 세상을 향해!

장로회신학대학교는 1901년 미국 북장로교 마펫(S. A. Moffett) 선교사에 의해 평양에서 설립되었다. 1907년 6월 길선주, 한석진, 이기풍 등 7인의 첫 졸업생이 나오게 되었고 그해 9월에 독(립)노회가 창설되어, 이들이 한국 장로교회의 첫 목사들로서 안수되었다. 1938년 제27차 총회에서 신사참배안이 총회에서 불법적으로 선포되므로, 신학교는 이에 동참할 수 없다고 거절함으로써, 무기휴교되는 운명을 맞이한 적도 있다. 해방이 되자 북한에는 공산정권이 수립되어 자연히 신학교가 폐쇄되었고, 남한에서 총회가 기존해 있던 조선신학교를 총회 직영 신학교로 인준하여 교역자 양성을 하였다. 그 후 총회는 '장로회신학교'를 인준하여 오늘에 이르고 있다. 1959년 통합측과 합동측으로 분열하였지만 총신대학교와 장로회신학대학교는 개교기념일이 같다. 아직 하나가 되기에는 여러 어려움들이 있지만 하나가 되어야 한다는 공감대를 만들어 가고 있다. 교내에 주기철 목사 순교기념비가 세워져 있고, 학교 설립자 마펫 선교사의 묘비도 세워져 있다.

29 성공회대학교

구로구 연동로 320 http://www.skhu.ac.kr

성공회대학교 구두인관

성공회대학교

*"더불어 사는
큰 사람을 키우는 곳"
인권과 평화의 대학*

한국에 처음으로 들어왔던 성공회 선교사는 울프(J. R. Wolf)이다. 중국에서 활동하다 1885년과 1887년에 한국을 방문하여 선교하기를 원했지만 여의치 않자 호주에 있는 친척들에게 한국을 위하여 선교사를 보내달라는 편지를 보냈다. 이 편지를 매카트니 목사가 한 선교신문에 발표하여 호주교회가 한국 선교를 시작하게 되었다. 성공회대학교는 1914년 강화에서 성 미카엘 신학원으로 개교하여 1956년 현재의 항동캠퍼스를 마련하고 이전하였다. 1989년 성공회신학교로, 1992년 성공회 신학대학으로 개편하고, 1994년 성공회대학교로 교명을 승격 변경하였다.

성공회는 한국에서 그리 큰 교단은 아니다. 그러나 성공회대학교는 한국 민주화운동에 적극적으로 동참하였으며 NGO대학원 등을 통해 인권과 소외계층에 대한 관심을 가르치고 있다.

30 한국기독교100주년기념탑

인천광역시 중구 항동1가 5-2

인천(제물포)은 한국근대사에 있어서 조선의 관문이었다. 1884년 이 땅에 처음으로 들어왔던 알렌 선교사도 이곳을 통해 입국했으며, 1885년 언더우드와 아펜젤러 선교사도 이곳을 통해 입국했다. 당시 선교사들은 이 땅에 들어올 때 가장 무서워한 것이 질병이었다. 따라서 이들은 가능하다면 배편을 이용하여 이동하려고 했다.

일본에서 출발하여 부산항에 도착했어도 다시 제물포를 이용하여 서울로 온 이유가 여기에 있다. 그만큼 인천은 한국기독교의 출발점이라고 해도 좋을 것이다.

언더우드 선교사와 함께 제물포에 도착한 아펜젤러 선교사는 배에서 내리자마자 무릎을 꿇고 이렇게 기도했다고 한다.

"우리는 부활주일에 여기에 왔습니다. 이 날에 죽음의 철장을 부수신 주님께서 이 백성을 얽매고 있는 줄을 끊으시고 그들에게 하나님의 자녀들이 얻는 빛과 자유를 누리게 하소서."

한국기독교100주년기념탑은 1885년 4월 5일 언더우드 선교사와 아펜젤러 선교사가 입국한 것을 기념하기 위해 세워졌다.

"우리는 부활주일에 여기에 왔습니다"

아펜젤러 부부와 언더우드 선교사

한국 기독교 100주년 기념탑

기도문

31 대불호텔전시관

인천광역시 중구 신포로23번길 101

"미국 선교사 아펜젤러와 언더우드가 묵었던 한국 최초의 서양식 호텔"

당시 대불호텔 사진들

경기도 국내 최초의 서구식 호텔. 대불호텔은 1888년 인천 중구 중앙동에 서양식 3층 벽돌 건물로 세워진 국내 최초의 서구식 호텔. 초기 15년간 성업하다가 1899년 경인선이 개통되면서 쇠락의 길을 걸었다. 1918년 중국인에게 인수되어 음식점 중화루로 변모한 후 1978년 건물이 헐린 이후 최근까지 주차장으로 사용됨. 식민지 개항 도시 인천의 사회 · 문화 변화상의 자료로 보존 가치가 크다. 한국에 기독교를 전파한 미국 선교사 아펜젤러와 언더우드가 묵었던 한국 최초의 근대식 호텔이기에 대불호텔 재현사업에 기독교계의 관심도가 높다고 한다. 1885년과 1886년 대불호텔에서 연회가 열려졌다는 기록이 있음. 이 터에 건물을 신축하려는 과정에서 2011년 5월 붉은 벽돌구조물 일부가 발견되어 인천 중구청에서 '대불호텔터 보존 및 활용계획'을 수립 심의 요청하여 추진중.

32 내리교회

인천광역시 중구 우현로 67번길 3-1 http://naeri.co.kr

"내리교회는 한국 최초의 감리교회이다."

내리교회의 기원에 대해서는 학자들 간에 의견이 분분하다. 1885년에 설립되었다는 주장도 있고, 1886년에 설립되었다는 주장도 있다. 여기에서는 내리교회의 주장을 중심으로 소개하려고 한다. 내리교회의 주장에 의하면 1885년 7월 19일 창립된 한국의 모교회라고 한다. 내리교회는 아펜젤러가 우리나라에 입국하여 처음으로 예배 드렸던 곳에 아펜젤러 선교사가 설립한 교회라고 주장한다. 또한 내리교회는 인천을 비롯한 인근지역에 널리 복음을 전파한 교회이기도 하다. 영화학교를 설립하여 민족 개화에 앞장서기도 했다. 신학회를 조직하여 인물을 키우기도 했고, 하와이 이민회사를 설립하여 당시 가난에 굶주리던 백성들을 도왔으며 해외선교에도 힘쓴 귀한 교회다.

내리감리교회

한국 최초의 감리교회 내리감리교회

33 영화초등학교

인천광역시동구 우각로 39 http://younghwa.icees.kr

한국 최초의 사립학교. 역사적인 인천 개항 이후 배재학당 교사로 활동하고 있던 조원시 목사가 부인 미국인 존스(조원시) 선교사와 함께 인천지역 선교를 담당하면서 한국 최초의 신학회를 조직하였고, 이를 계기로 1903년 개교한 국내 최초의 사립 초등교육기관이 되었다. 민족지도자 하상훈, 여성지도자 김활란, 손기정 선수 가슴에서 일장기를 지워버린 동아일보 기자 이길용, 유아교육의 개척자 서은숙, 영화배우 황정순 씨 등이 이 학교 출신이다. 하나님의 복음을 전파하고 새로운 학문을 배우고 나라와 민족을 사랑하고 세계 평화와 인류 공영에 이바지하는 성실 유능한 인재를 육성하기 위하여 설립되었다.

미국인 선교사 존스 부인

*"미래 인재를
양성하는 최초의
사립초등학교"*

영화초등학교

34 국제성서박물관(주안감리교회)

인천광역시 미추홀구 경인로 349번길 9 https://www.jooan.or.kr

국제성서박물관 (교육관 2층)

(故)한경수 감독(1926~2011)

(故)한경수 감독 추모 아카이브

(故)한경수 감독은 40여 년간 44개국에서 중세시대부터 현대에 이르는 성경과 성경 관련 유물들을 수집하였습니다.
특별히 미국 신학자 데이빗 웨이크필드(David Wakefield 1924~1993)박사가 수집한 성경의 기증으로 컬렉션은
더욱 풍부해졌고 이를 바탕으로 1995년 국제성서박물관을 설립하시고 2010년까지 제 1대 관장을 지내셨습니다.

"천지는
없어지겠으나
내 말은
없어지지
아니하리라"
(막13:31)

1995년 4월 30일 개관. 2009년 기독교대한감리회 중부연회에서 감리교 기관으로 인준. 고대 히브리어, 헬라어 성경에서부터 우리 나라 최초의 성경 등 희귀성서를 전시하고 있는 국제성서박물관이다. 인천시민회관 뒤편에 있는 이곳에서는 살아있는 기독교 문화와 함께 인쇄술의 변천사도 한눈에 살펴볼 수 있다. 성서수집과 성서학연구에 평생을 바친 박물관장 한경수 목사가 세계 44개국에서 모은 10,000여 점의 성서와 미국의 성서연구가 데이비스 웨이커필드 박사가 기증한 8,000여 점의 성경이 소장 돼 있다. 이 가운데 기원전 제작된 히브리어 구약과 헬라어 신약 성경, 고대 이집트어로 기록된 파피루스 바울서신은 고고학적 가치가 매우 높다. 또, 인쇄술을 발명한 구텐베르크가 1456년 발간한 구텐베르크 성경, 1947년 양치기 소년이 쿰란 동굴에서 발견한 이후 원본이 공개되지 않고 있는 사해(死海) 사본 복사본 등도 희귀한 소장물이다. 1887년 한글로 번역된 우리나라 최초의 성경인 "예수성교전서"를 비롯, 북한, 스페인, 폴란드, 독일 등 세계 각국의 초간 성경도 이 박물관에서 볼 수 있다.

주안감리교회

35 강화교산교회

강화군 양사면 서사길 296 http://www.gsch.co.kr

강화교산교회

한국선교역사관

전도사 김상임 공덕비

선상세례식

"1893년 강화에 첫 번째로 설립된 개신교 교회"

강화도 사람들에게 있어서 미국은 침략자일 뿐이었다. 그러니 미국 선교사들이 전하는 복음을 들으려고 하지 않았다. 강화도에 감리교 선교를 제일 먼저 시작한 선교사는 인천 내리교회 존스(G. H. Jones, 趙元時)에 의해서다. 이들은 강화도 사람들이 워낙 미국 선교사들에 대한 반감이 강하자 계를 조직하여 복음전도를 계획하기도 했으나 계조직이 실패하고 많은 사람이 떠났다. 결국 이승환이라고 하는 술장사하던 한 사람만 남았다. 그는 어머니보다 먼저 세례 받을 수 없다고 하여 나중에 존스 선교사님을 몰래 강화도로

모시고 가 배 안에서 어머니로 하여금 세례를 받게 했다. 이것이 그 유명한 '선상세례'요 어머니는 '강화 선교의 겨자씨'가 되었다. 이 일 후 인천에 거주하며 내리교회를 출석하던 이승환은 강화로 들어가 교산교회의 초기 성도가 되었다.

강화 교산교회는 1893년에 설립되었다. 현재 강화도에는 성공회와 감리교회가 많은데 강화도 감리교회의 시작이었다. 이승환은 후에 권사가 되어 강화도 여러 지역에 복음을 전했다. 강화도 감리교회 순례는 눈으로 하는 것이 아니라 귀로 하는 것이다.

36 홍의교회

강화군 송해면 상도리 943

미국 존스 선교사가 세운 강화 교산교회에서 서당 훈장이며 친구인 김상임의 회심에 영향을 받아 그리스도를 영접한 양반 박능일이 교산마을에서 5리 정도 떨어진 홍의마을에 '홍의교회'를 설립했다. 1896년. 박능일은 서당을 학교로 바꿔 새로운 서양식 교육 방법을 받아들였고 선교사의 도움없이 토담집으로 예배당을 건축했고, 1년 만에 교인 수가 80명이 넘었다. 홍의교회 성도들은 "우리는 믿음 안에서 하나다"라는 의미로 이름의 돌림자에 '한 일'자를 넣어 개명하였고 하나님 앞에서 죄인이라는 의미의 검은색 옷을 입고 다녀, 믿지 않는 이들이 '검정개'라 부르며 비웃고 조롱하기도 했다. 홍의교회는 교인 권신일, 권혜일 부자는 서쪽으로 바다 건너 교동으로 가서 교회를 시작하였고, 박능일은 동쪽으로 강화읍에 가서 교회를 시작하였으니 '잠두'(누에머리)교회로도 불리던 강화읍교회가 1900년에 설립되었다.

"1896년 강화도에 두 번째로 세워진 교회"

홍의교회

감리교회의 기둥 : 박능일 전도사의 묘

37 강화중앙교회

강화군 강화읍 신문리 549 http://www.gcmch.org

강화중앙교회

순국추모비

강화중앙교회 100주년 기념비

"강화에서 세 번째로 세워진 잠두교회(현 강화중앙교회)이다"

1900년 9월 1일 주선일, 그의 부인 박씨, 이 살로메가 주도하여 주선일 씨 집에서 첫 예배를 드리며 잠두교회 설립. 1914년 '잠두교회'에서 '강화읍교회'로 변경되었고, 1975년 11월 다시 '강화중앙교회'로 이름 변경. 강화중앙교회는 교육선교를 위해 1901년 4월에 신교육기관인 교회 부설로 '잠두의 숙(蠶頭義塾)'을 설립하였으며, 1902년에 또 여학교인 '합일여학교'를 설립하여 기독교신앙에 바탕을 둔 민중교육을 시작하였다. 이후 두 학교는 하나의 학교로 통합되었는데 오늘의 합일초등학교로 발전되었다. 이 학교는 일제치하에 저항하는 민족운동과 한국 개화의 산실이 되어 왔다. 1907년 8월 일제에 의한 한국 군대 강화진위대 강제해산으로 강화의병이 일어나자 일본군은 주모자로 잠두교회 현 강화중앙교회 교인 김동수 권사, 동생 김영구와 그의 4촌 김남수 권사를 주모자로 몰아 체포하여 서울로 압송하던 도중 더리미해변에서 일본 칼로 즉결 처형하였다.

38 합일초등학교

강화군 강화읍 합일길 3 http://habil.icees.kr

"자신을 닦고 강하게 하는 것은 모두 기독교에 기인한 것이며,
임금에게 충성하고 나라를 사랑하는 것도 기독교에 기인하고
독립과 단결을 외치는 것도 기독교에 기인하고
학문과 교육도 기독교에 기인하였다" (이동휘 선생)

큰 사람

경기도 1900년 주선일과 그의 부인 이살로메를 중심으로 가정
집에서 시작된 잠두교회(1975년 강화중앙교회로 변경)는 교육선교를
위해 1901년 4월에 신교육기관인 교회부설로 '잠두의숙(蠶頭義
塾)'을 설립하였으며, 1902년에 또 여학교인 '합일여학교'를 설
립하여 기독교신앙에 바탕을 둔 민중교육을 시작하였다. 이후 두
학교는 하나의 학교로 통합되었는데, 오늘의 합일초등학교로 발
전되었다. 이 학교는 일제치하에 저항하는 민족운동과 한국 개화
의 산실이 되어 왔다.

합일초등학교

독립운동가 대한민국 임시정부의 초대 국무총리 이동휘 선생

39 교동교회

강화군 교동남로 432 https://blog.naver.com/gyodong-church

옛 교동교회

토마스 선교사

세상에서 제일 작은 강화교동 순례자의교회

현 교동교회

*"1865년
토마스 선교사
일행 탄 배
좌초해 상륙,
극진히 대접"*

강화도를 이루는 섬 중에 교동에 처음으로 복음을 전한 사람은 강화도 홍의교회 교인인 권신일, 권혜일 부자였다. 특히 권신일은 교동으로 아내와 함께 들어가 초가 한 채를 구입하여 살림집 겸 예배처로 삼고 교동지역을 다니며 복음을 전했다. 워낙 주민들의 반대가 심해 교회를 설립하는 일이 쉽지 않았지만 결국 교동 군수가 동의하자 많은 사람들이 교회에 나오기 시작했다. 교회가 성장하자 1904년에는 교회 옆에 동화학교도 세웠다. 1933년 교회를 상룡리로 옮겼기 때문에 현재 교동교회는 폐허로 변했다. 당시에 지은 예배당이 지금도 남아 있는데 변한 것은 초가지붕이 양철지붕으로 바뀌어 있을 뿐이다. 전해오는 이야기로는 상룡리에서 제일 먼저 신자가 된 사람은 박성대인데 그의 할아버지가 토마스 선교사를 만났다는 것이다. 토마스 선교사가 항해중 물이 떨어져 교동에 내렸을 때 극진히 대접

했다고 한다. 아버지 박기완은 교동 일대의 최고 부자여서 흉년 때마다 주민들을 먹여 살렸는데 아들 박성대가 예수를 믿겠다고 하자 "야소교를 믿으려면 차라리 목숨을 끊으라."고 칼을 주었지만 아들의 고집을 이기지 못하고 함께 교동교회를 다니다 교동교회가 어려움을 겪자 땅을 기증하여 상룡교회가 설립된 것이다. 그러나 교회가 설립된 지 얼마 되지 않아 박성대, 박형남 부자는 그만 죽고 말았다. 그러나 이들 가문은 낙심하지 않고 박형남의 동생 박이남과 박기만이 계속해서 교회를 충성스럽게 지켰다. 박기만의 아들 박두성은 '맹인들의 세종대왕'으로 불린다. 그는 시력을 잃어가면서까지 점자를 만든 분이기때문이다. 평생 맹인 교육에 헌신하면서 1926년 한글 점자를 창제하였다. 상룡리로 가면 반드시 박두성의 생가도 보고 와야 한다.

교동교회 박두성 생가

40 강화서도중앙교회

강화군 서도면 주문도길 256-1

강화서도중앙교회는 기독교가 우리 나라에 전파되기 시작하면서 1902년 삼산면에 거주하는 감리교 전도사 윤정일이 복음을 전도하기위해 이곳 주문도리에 들어와 교회가 설립되었고 교회와 신도가 마음을 모아 영생학교를 설립하여 민족의식을 고취시켰으며, 1923년 교인들의 헌금으로 한옥 예배당 형태의 교회를 새로 지었다. 선교사에 의해 세워진 교회 중 지금까지 강화도에 남아있는 교회는 1900년에 세운 성공회 강화 성당. 1906년에 세워진 강화 온수리 성공회교회 그리고 서도중앙교회가 현존하고 있는 당시의 교회들이다.

"강화서도중앙교회 건물은 1923년 교인들의 헌금으로 지은 한국 전통 목조건물 양식의 교회"

서도중앙교회 선교백주년 기념예배당

서도중앙교회 선교백주년 기념예배당 내부

41 성공회강화성당

강화군 강화읍 관청길 27번길 10

1893년 봄 강화도에 코프(C. J. Corfe) 주교가 갑곶에 거점을 마련하면서 성공회는 1890년 9월 우리나라에 전래되었다. 같은 해 워너(L. O. Warner) 신부가 파송되어 본격적으로 강화 선교가 시작되었다. 강화성당은 1900년 트롤로프 주교가 설계하고 감독하여 건축되었다. 경복궁 공사에 참여했던 대궐 목수가 시공하였고 백두산에서 운반해 온 적송과 기와와 석재는 강화도의 것이 사용되었다. 제대, 세례대, 축대 등 돌 공사는 중국인 석공이 맡았다. 1900년 11월 15일 성 베드로와 성 바오로 성당으로 축성되었는데 1914년, 1936년, 1949년, 1984년에 보수공사가 있었다. 성당이 위치한 자리는 강화읍 시내를 한눈에 볼 수 있는 곳으로 몽골 군대가 침략했을 때 그들에게 항쟁하기 위하여 성을 쌓았던 곳이기도 하다. 성당의 내부 구조는 입구인 앞툇간, 회중석, 지성소, 소제대, 제대, 예복실로 구성되어 있으며 성수대도 있다. 2001년 1월 4일 국가 사적 424호로 지정되었다.

강화읍 성당

"강화읍성당은 우리나라 최초의 한옥 성당이다"

강화읍 성당 내부 세례대

강화읍 성당 종

42 온수리성공회성당

강화군 길상면 온수길38번길 14

새 온수리성당

"온수리성당은 1906년에 건립된 성공회 한옥 성당이다"

온수리성당 외부, 내부 (유형문화재 제52호)

경기도 강화읍 길상면에 위치해 있는 온수리 성공회 성당(문화재 자료 제15호)은 1906년 영국인 주교 조마가(Mark N. Trollope)가 지은 성당으로 동서 절충식 강당형 건물이다. 정면 3칸, 측면 9칸으로 용마루 양 끝에 십자가를 장식하였기에 교회 건물임을 알 수 있다.

온수리 성당은 시장 중심에서 약간 벗어 난 구릉지에 있는데 100년의 세월을 무색케 할 정도로 깨끗하고 수수한 우리 관아 아니면 궁궐의 일부 건물 같이 보인다. 건물 높이는 그리 높지 않고, 정문 옆 출입문은 항상 열려 있다. 이 건물은 새 성당을 건축하면서 함께 원형 복원을 하였다. 안으로 들어서면 방문 같은 짜자 미닫이문이 닫혀 있는데 조심스럽게 열면 예배실 내부가 한눈에 들어온다. 좌우로 크게 3부분으로 나뉘어 있고 전면은 집례하는 공간으로 쓰이고 있는데 더 안쪽으로는 집례 준비를 위한 공간으로 구별하여 문을 닫아 놓았다. 내부가 그리 넓지도 않은데 가운데 두 줄로 네모난 고주(기둥)를 두어 지붕의 무게를 분산시켰다. 대문은 얼마 전까지도 벽체가 회벽으로 되어 있었는데 지금은 모두 헐어내고 원형대로 창살로 고쳤다. 속이 환하게 보이는 입구에는 문은 없고 양옆으로 창고를 만들어 이용할 수 있도록 하였다. 강화 온수리 성공회 사제관은 문화재 자료 제 15호로 지정되었다.

43 중화동교회 및 백령기독교역사관

옹진군 백령면 중화길 231

중화동교회 종

백령기독교역사관

"한국교회 신앙문화의 원형을 여전히 간직하고 있는 중화동교회"

중화동교회

150년 된
팽나무

중화동교회는 1898년에 설립되었다. 백령도 진의 첨사 자문역으로 참사 벼슬을 지냈던 허득이 복음의 씨앗을 받고 그곳에 유배되어 온 김성진, 황학성, 장지영 등과 함께 한학서당에 중화동교회를 설립하게 되었다. 조선인들에 의해 자발적으로 중화동 교회가 세워졌다는데 큰 의의를 찾을 수 있다. 백령도는 빼어난 자연 경관을 자랑하는 관광지로 '백령기독교역사관'을 비롯하여 허득참사기념비 등 여러 선교 유적지가 잘 보존되어져 있고, 심청전의 인당수가 가까이 있어 심청이의 유적지이기도 하다. 특히 백령기독교역사관은 군비를 들여 지어진 역사박물관으로 백령도 주민들이 자랑스러워하는 유적지이다. 1884년 황해도 송천에 소래교회를 세운 서경조 형제가 1898년 중화동교회 설립예배에 참석하여 예배를 인도했던 것도 소중한 역사다. 백령도는 중화동교회를 중심으로 기독교가 급속하게 발전하게 됐으며, 지금은 해병대 백령교회 등 군부대교회를 비롯하여 10개 교회가 백령도 복음화에 힘쓰고 있다.

44 소래교회

용인시 처인구 양지면 학촌로 110

한국 최초의 교회가 어느 교회인가에 대해서는 학자들간의 의견이 분분하다. 소래(솔내, 松川)교회라고 주장하는 학자들도 있고, 새문안교회라고 주장하는 학자들도 있다. 전자라고 주장하는 이들은 제일 먼저 시작된 교회이기 때문이라고 주장하고, 후자를 주장하는 이들은 조직교회로는 새문안교회가 한국 최초의 교회이기 때문이라고 주장하고 있다. 1988년 양지에 소재한 총신대학교 신학대학원 교정 안에 소래교회(송천교회)를 복원하였다. 현재 복원돼 있는 소래교회는 처음 세워졌던 교회의 모습이 아니다.

1883년 5월 16일 창립되던 당시 소래교회는 자그마한 초가집이었다. 교인이 증가하자 1896년 6월에 현재 복원돼 있는 기와가 교회당의 모습으로 새롭게 건축되었다. 이것을 그대로 복원한 것이다. 무엇보다 소래교회는 자생적 토착 교회라는 점에서 의미가 크다. 초기 한국 기독교의 확산과 복음전파에 큰 공로는 초기 기독교의 틀을 닦는 데 헌신한 선교사들의 몫이겠지만, 본격적인 선교가 시작되기 전 이미 한국인들만의 힘으로 세워진 교회가 존재했다는 것은 남다른 의미를 갖는다. 소래교회는 의주 출신으로 일찍 복음을 영접한 서상륜과 서경조 형제에 의해 1883년 5월 16일에 설립되었다.

기독교 선구자 서상륜 & 기독교 선구자 이수정의 비

"소래교회는 토착민에 의해
이 땅에 세워진
최초의 개신교 교회이다"

최권능(최봉석) 목사 순교기념비

양지 총신대 복원된 소래교회(송천교회)

45 한국기독교순교자기념관

용인시 처인구 양지면 추계로 235 http://www.martyr.or.kr

순교자기념공원

한국 기독교순교자 기념관

"그가 죽었으나
그 믿음으로써
지금도 말하느니라"

한국기독교순교자기념관은 한국 교회를 위
해 순교한 신앙과 정신을 기리기 위해 1989
년 11월 18일에 개관되었다. 죽음 앞에서도
복음을 위해 신앙절개를 꺾지 않은 189명의
순교자들의 영정과 유품들을 전시하고 있다.
견디기 힘든 열악한 조건에서도 순결한 믿음
을 지켜내려고 몸부림쳤던 순교자들은 영웅
적인 사람도, 대담하지도 않은 지극히 평범
한 사람들이었지만 그리스도만을 높이리라
는 믿음으로 죽음의 잔을 기쁨으로 받아 마
셨다. 결코 이름을 나타내려 하거나 보상을
생각해 본 적도 없었다. 다만, 그렇게 사는 것
이 하나님이 기뻐하시는 일이었기에 고난을
고난으로 여기지도 않았다. 한국기독교순교
자기념관은 영락교회 정이숙 권사가 10만평
의 땅을 기증하면서 설립하게 되었다. 이곳
에는 200명이 넘는 순교자의 유품이 보관되
어 있다.

최초의 순교자 토마스 선교사 (김학수 성화)

46 한국기독교역사박물관

이천시 대월면 대평로 214길 10-13 http://www.kchmuseum.org

한국기독교역사박물관은 2001년 11월 30일 기독교문사가 경기도 이천시 대월면 초지리에 개관한 기독교전문박물관이다. 한영제 장로가 출판사를 운영하며 모은 그리스도교 문서 10만여 점을 기독교문사 내의 향산기독교역사자료실에서 보관해 오다가 새로 박물관을 건립하여 이관 전시하고 있다.

지상 2층, 지하 1층 규모로 전시실과 자료실·세미나실로 이루어져있다. 1층 전시실은 개관 기념으로 '기독교와 한글전시회'를 여는 등 그리스도교 문서에 대한 기획전시회를 개최하는 곳이다.

지하 1층의 자료실은 수천여 권의 도서자료가 전시되어 있고, 2층의 세미나실은 각종 프로그램과 강의 등이 진행되는 공간이다. 소장자료 중에는 1884년 일본에서 개신교 신자가 된 이수정이 한문 성경에 이두로 토를

달아 펴낸《신약성서마태전》, 1887년 언더우드·아펜젤러가 공동으로 번역하여 간행한《마가의젼한복음셔언해》등은 희귀본으로 손꼽힌다. 또 프랑스의 꼬스뜨 신부가 저술한《한국어문법》(1881년), 언더우드와 게일 등이 공동 편찬한《한영사전》(1894년)과《한영문법》(1915년), 장로교 주간 한글신문〈그리스도신문〉(1897년)과 감리교주간한글신문〈대한크리스도인 회보〉(1897년) 등 한국교회 초기 신문, 최초의 여성 전문잡지《가뎡잡지》, 현존하는 최고의 서양식 달력(1910년), 주시경의《월남망국사》(1908년),《말의 소리》(1914년) 등 한글학자들이 쓴 책 등 희귀본이 있다.

> "대한민국 최초로 평양의 예루살렘으로
> 불리었던 장대현교회는,
> 한국 기독교사의 성지입니다."

한국기독교역사박물관

평양 장대현교회 5분의 1 축소판

47 남양감리교회

화성시 남양읍 남양시장로25번길 11 https://nych356.wixsite.com/website

남양감리교회는 1897년 4월 7일 존스(한국명 조원시) 선교사에 의해 창립되었다. 한국인 제 1대 담임자인 홍승하 목사는 최초의 하와이 이민단 단장을 지냈고, 해외에 최초로 세운 한인교회인 그리스도연합 감리교회의 담임이 되었으며 하와이에서 신민회 등을 만들어 독립운동에 앞장섰다.

그후 민족과 나라를 위한 근대식 사립학교 보흥보통학교(1901), 제하여학교(1902)를 설립하여 개화기 근대화에 앞장섰다. 남양감리교회에는 목사 이필주를 기념하는 두 개의 비석이 서 있다. 이필주는 1919년 3.1운동 당시 민족대표 33인의 한 사람으로 참여하여 2년을 감옥에서 보냈다. 이필주는 1934년 3월 남양감리교회 부임하여 담임목사

로 시무하다가 65세에 은퇴하고 은퇴목사로 남아 교회를 돌보았다. 이필주는 일제의 온갖 협박과 갖은 회유에도 창씨개명과 신사참배를 끝까지 거부하다가 1942년에 지병으로 별세하였다.

문: 그대는 무슨 목적으로 이 선언서를 인쇄하여 일반에 배포하였는가?
답: 그것은 동양의 평화를 주창하며 조선의 자주 독립을 하기 위한 것이다. 다시 말하면 국원을 회복한다는 것이다.

문: 피고는 독립이 될 줄 알고 독립을 주장하였는가?
답: 그렇다. 독립이 될 줄 알았다.

문: 금후에도 또 독립운동을 할 것인가?
답: 그렇다. 어디까지든지 독립운동을 할 것이다.

남양감리교회

이필주 목사 기념비

48 수원종로교회

수원시 팔달구 정조로 830   http://www.sjmc.or.kr

"1899년 수원 읍내에 형성된 신앙공동체를
토대로 1901년 설립된 기독교 교회"

1899년 감리교 스웨어러(W.C. Swearer) 선교사와 옥고를 치른 김동현 조사, 이명숙 전도사의 기도와 헌신으로 세워진 수원의 첫 개신교회이다. 1901년 가을 북문안 보시동 116번지에 보시동교회(수원종로교회의 옛 이름)를 세웠고, 신유사옥과 병인박해로 피흘린 순교의 터인 종로 네거리로 1907년 이전했다. 당시 수원종로교회는 서울 이남 선교의 전초기지로서의 역할을 감당. 교회 내에 매일학교를 설립하여 이하영 담임전도사가 초대 학당장을 맡았고 1907년 이래로 삼일학교와 삼일여학고(현재 매향)가 분리되어 현재에 이르고 있다.

수원종로교회

49 수원동신교회

수원시 팔달구 매향동 116

---

*"나도 일본인입니다. 그러기 때문에
그리스도의 정신을 알게 해주고
싶습니다. 검을 가지고 일어서는 자는
검으로써 망합니다. 무력의 위광이
조선을 압제할 수 있다고 생각합니까.
어리석은 정신입니다 ⋯ ."*

일본 최초 선교사 노리마츠 마사야스 기념비

수원에서 가장 오래된 교회로 알려졌다. '노리마츠 마사야스'라는 일본인 선교사가 1900년 8월에 수원으로 사역지를 옮겨 복음을 전하던 중 지금의 수원시 매향동에 1909년 집회장소를 신축하고 건물 명칭을 성서강당이라고 하였다. 이후 수원에서 경기도 일원을 중심으로 복음을 전하였다. 이는 일본 개신교 역사상 최초의 해외선교 사례로 손꼽히고 있다. 노리마츠는 다른 일본인들과는 달리 한복을 입고 식기와 집도 한국식으로 생활하며 자식에게도 일본어 대신 한국어를 가르쳤다고 한다. 그는 1921년 일본에서 사망하여 광교산에 묻혔고, 신도들에 의해 기념비가 세워졌다. 이 기념비는 현재 수원 동신교회 안에 세워져 있다. 비록 건물은 신축되어 당시의 모습을 간직하고 있지 않다.

수원동신교회

50 제암리교회

화성시 향남읍 제암길 50   www.jeamch.com

제암리교회

희생자 29명을 기리는 기념물

"그가 있어 제암리가 기억되고 … "

선교사인 영국인 스코필드(Schofield, F. W.)가
현장으로 달려가, 생생한 참상을 사진에 담고,
목격자의 증언을 수록한 「수원에서의 잔악행위
에 관한 보고서」를 작성하여 미국으로 보냈다.

제암리교회는 1905년 설립되었다. 이 동네 출신인 안종후가 아펜젤러 선교사의 전도를 받고 자신의 집에서 시작한 교회다. 1911년 신자들이 늘어나자 8칸짜리 초가 예배당을 마련하였다. 그러나 아직 정주하는 목회자가 없어 인근에 있는 수촌리교회, 남양교회 목회자들이 순회하며 교회를 돌보았다. 제암리교회가 한국교회에 널리 알려진 계기는 3. 1 운동 때문이다. 3. 1운동이 일어나자 제암리교회 신자들도 3월 15일부터 밤마다 뒷산에 올라 봉화를 밝히고 만세 시위를 계속했다. 3월 31일과 4월 5일에는 발안 장터까지 진출하여 만세시위운동을 벌였다. 이때 일본 경찰과 충돌이 있었고, 일본 순사가 사망하자 일본 경찰들이 참혹한 제암리사건을 일으키게 되었다.

이들은 4월 15일 거짓말로 주민들을 예배당으로 모이게 하고는 무차별 사격을 가하고, 석유를 뿌려 불을 질러 제암리교회 신자만 23명이 죽었다. 이 중에 남자 신자가 21명이었다. 그리고 이웃 동네인 고수리에서도 6명이 죽임을 당해 총 29명이 죽임을 당했다. 제암리교회에 가면 이승만 대통령의 친필로 세운 순국기념탑이 서 있다. 또한 당시의 참혹상을 볼 수 있는 3. 1운동 순국기념관이 건립되어 있다.

51 수촌교회

화성시 장안면 수촌리 674-1

초가 예배당

"103년 흘러도 여전히 애국 · 애족 · 애향하는 수촌감리교회"

수촌교회는 1905년 김응태의 인도로 정창하의 집에서 7명이 모여 예배를 드림으로 시작되었다. 1907년 초가(草家) 15칸을 매입, 예배당으로 사용해 오다가 1919년 3.1운동 당시 만세사건으로 일본 경찰이 마을 전체를 방화했을 때 전소되었다. 그러나 1922년 4월 노블 선교사를 비롯한 많은 신자들의 협조로 8칸의 초가 예배당을 새롭게 건축하여 예배드리다 1932년 1월 이곳 수촌리(水村理)로 이전 현 교회의 위치가 되었다. 본당 좌측에 있는 초가예배당은 방화사건 때 불타 없어진 초가예배당에 비하면 그 규모가 절반도 되지 않지만 기도하며 태극기를 그렸던 당시 성도들의 나라사랑을 느끼기에 충분하다. 화성시에서는 수촌교회를 향토유적 제9호로 지정했다.

수촌교회

52 최용신기념관

안산시 상록구 샘골서길 64번지 https://www2.ansan.go.kr/choiyongshin

최용신 하면 심훈의 『상록수』의 주인공 채영신의 실제 인물로 알려져 있다. 최용신은 1909년 함경남도 원산에서 나서 협성신학교 졸업을 1년 앞둔 1931년 10월 최용신은 농촌운동을 위해 샘골마을로 내려왔다. 류달영 교수는 『최용신양의 생애』에서 '농촌계몽의 선구자'로 소개한다. 최용신 양으로 하여금 농촌운동을 펼치게 했던 원동력은 어디에서 비롯된 것일까? 『최용신 양의 생애』를 보면 그 답을 쉽게 얻을 수 있다. 최용신 양은 새벽 기도의 사람이었다. 그녀가 농촌을 위해 헌신할 수 있었던 배경에는 새벽마다 하나님의 도우심을 간구하던 신앙이 자리 잡고 있다. 그럼에도 그녀는 자신이 기독교인임을 드러내지 않았다고 한다. 입술로만 찬양하고, 입술로만 사랑을 외치는 그런 신앙인이 아니었다. 최용신 기념관을 찾아가면 기념관 근처에 있는 그녀의 묘와 더불어 100여 년의 역사를 지닌 샘골교회도 함께 들러볼 것을 권한다.

"독립운동가이며 농촌계몽운동의 결정체인 최용신 선생의 생애와 사상을 계승"

최용신 기념관

창립100주년 기념

최용신 선생

최용신 선생 묘

53 서울신학대학교

부천시 소사구 호현로 489번길 52   https://www.stu.ac.kr

한국에서 성결교회는 1907년. 김상준, 정 빈이라는 두 사람이 일본 동경성서학원을 졸업하고 귀국하여 '동양선교회복음전도관'이라는 이름으로 시작되었다. 성결교회는 출발부터 사중복음이라고해서 중생, 성결, 신유, 재림의 4대 표제를 표방했다. 서울신학대학교는 1911년 동양선교회에서 서울 무교동에 '성서학원'으로 출발하였고 초대원장으로는 존 토마스(John Tomas)였다. 1921년 충정로로 교사를 이전하였다. 아현성결교회 구내에 당시의 건물 일부가 남아 있으나 새로운 예배당 건축계획에 의해 허물어질 위기에 처해 있다. 서울신학대학교는 1940년 5월 전

문학교로 인가되어 4년제 경성신학교로 개편하였으나, 1943년 신사참배 거부와 재림교리의 주장으로 일제의 탄압을 받고 폐교되었다. 1959년 서울신학대학으로 승격하고 초대 학장에 이명직이 취임하였다. 예수교대한 성결교회의 김응조 목사와 기독교대한성결교회의 이명직 목사는 한국성결교회의 두 거목으로 비유되고 있다. 서울신학대학교는 1974년 현 위치로 교사를 이전하였으며, 1992년 서울신학대학교로 교명을 변경하였다. 서울신학대학교가 속해 있는 기독교대한성결교회 총회는 예수교대한성결교회와 통합을 추진하고 있다.

서울신학대학교 성결인의 집

"진리와 성결의 서울신학대학교"

충정로 교사

서울신학대학교

54 성결대학교

안양시 만안구 성결대학로 53 http://www.sungkyul.ac.kr

성결대학교 정문

영암 김응조 목사 추모비

"세상의 변화와 발전을 주도하는 젊음!"

성결대학교

성결대학교 재림관

성결대학교는 1962년 9월 서울 서대문구 충정로에서 개교되었다. 설립자는 김응조 박사이다. 영암 김응조 박사는 일관되게 보수적인 신앙을 유지한 분으로 유명하다. 한국성결교회가 분열한 것은 1960년 4월이다. 신학 노선에 따라 기성과 예성으로 나뉘자 김응조 박사는 예성을 이끌며 성결대학교를 설립한 것이다. 김응조 박사가 없는 성결대학교는 상상할 수 없다. 그만큼 성결대학교는 지금도 김응조 박사의 영향을 강하게 받고 있다. 안양으로 교사를 옮긴 것은 1975년이다.

55 한신대학교

오산시 한신대길 137　https://www.hs.ac.kr

신학대학원 : 서울시 강북구 인수봉로 159

한신대 살롬채플

한신대학교는 1940년 설립자 김대현에 의해 '조선신학교'라는 이름으로 시작되었다. 1951년에 '한국신학대학'으로 교명을 변경했다. 한신대학교는 진보와 실천이라는 학풍으로 유명하다. 김재준 목사, 장준하 선생, 문익환 목사 등이 한신대학교 출신이다. 한국현대사에서, 특히 민주화와 관련하여서는 한신대학교를 제외하고 말하기 어려울 정도로 한국의 민주화와 인권 분야에서는 큰 족적을 남겼다.

*"시대를 앞서가며
세상을 이끄는 진보대학
민주화와 인권, 인문학을
위해 헌신한 진보대학"*

장공관

중앙도서관(정삼관)

문익환 목사기념비

56 협성대학교

화성시 봉담읍 최루백로 72 https://www.uhs.ac.kr

협성대학교 본관

협성대학교 예술관

"기독교대한감리회와 상동교회의 기독교민족정신을 바탕으로 설립하였다."

협성대학교는 기독교 대한감리회 총리원 이사회 실행부가 1977년 2월 7일 '감리교 서울신학교' 설립을 결의함으로써 시작되었다. 상동교회를 학교 건물로 사용하다가 1977년 4월 1일 감리교 서울신학교로 개교하였다. 1982년 3월 기독교 대한감리회는 연회별로 설치된 6개 신학교를 '감리교협성신학교'로 통합하기로 결의하였다. 이에 따라 경기도 남양주군에 교사를 신축하여 개교하였다. 이어 1988년 12월 31일 봉담캠퍼스로 교사를 이전하였고, 1991년 11월 15일 '협성신학대학'으로 개명 인가를 받았다.

1993년 2월 22일에는 '협성신학대학교'로 명칭을 변경하였고, 1994년 9월 1일 '협성대학교'로 개명하여 오늘에 이르고 있다.

57 춘천중앙교회

춘천시 영서로 2151번길 30   www.chmchurch.org

춘천중앙교회

"1898년 설립된 개신교 감리교회."

춘천미술관

이덕수의 묘

호반의 도시 춘천에 처음으로 복음을 전한 선교부는 미국 남감리교 선교부다. 미 남감리교 선교부는 1897년 12월 강원도 선교를 결정하고 1898년 권서인 나봉식과 정동렬을 춘천에 파송하여 선교의 문을 열었다. 1900년께 춘천지역 20여 개 마을에 40~160명의 구도자를 얻을 수 있었고 세례를 받으려는 성도들도 나왔다. 강원도 선교를 맡은 무스 선교사는 1900년 4월 강원도 지역을 순회하던 매서인들과 함께 춘천 시내에서 15리쯤 떨어진 퇴송골(현 석사동)에서 예배를 드리기 시작했다. 1902년 경기도 고랑포 출신인 이덕수가 춘천으로 이주하여 지역선교에 헌신했는데, 이덕수는 지게에 성경책을 가득 지고 춘천 읍내로 들어가서 전도하여 춘천 읍내 봉의동에 4칸짜리 초가집을 마련하고 예배당으로 사용했다. 이것이 춘천중앙교회의 시작이다. 이덕수는 1909년 4월 과로로 폐결핵을 얻어 타계하기까지 강원도 전 지역을 순회하며 전도했고 이 결실로 얻어진 교회가 춘천중앙교회이다. 이덕수의 묘는 춘천중앙교회 묘역에 위치하고 있다.

58 철원감리교회

철원군 동송읍 금학로 219-1 http://철원감리교회.com

철원감리교회는 철원지역에 제일 먼저 설립된 교회다. 지금은 폐허로 남아 있지만 분단의 아픔을 간직하고 있어 방문하는 이들로 하여금 전쟁의 참화를 느끼게 한다. 첫 예배당은 1920년 붉은 벽돌로 건축했으나 현재 일부 남아 있는 예배당은 1936년에 지하 1층, 지상 3층 규모의 화산석과 화강석을 쌓아 만든 석축건물이다. 예배당은 일본 오사카예술대학 건축과에서 1905년 이래 가르치던 미국 건축가 보리스에 의해 설계되었고 등록문화재 32호이다. 당시만 하더라도 교인이 500여 명에 이를 정도로 큰 교회였으나 한국전쟁 이후 문을 닫게 되었다. 철원제일감리교회는 1919년 3.1운동 당시, 강원도에서 최초로 독립운동을 벌였던 독립운동의 본거지이기도 하다. 한국전쟁 때는 공산치하에서 철원감리교회를 중심으로 기독교 청년학생들의 반공투쟁이 전개되기도 했다. 안타깝게도 전쟁 중 북한군의 수중에 들어가 인민군들이 사용하는 가운데 반공투사들을 고문하는 장소로 사용되기도 했다.

"반공투쟁의 현장이자 6.25 전쟁의 상흔이 남아있는 기억의 저장소"

폐허만 남은 철원감리교회

철원감리교회 원래모습

철원감리교회 복원 기념예배당

철원 노동당사

59 장흥교회

철원군 동송읍 장방산길 33-14

장흥교회는 철원 제일감리교회에 이어 철원 지역에서 두 번째로 설립된 교회다. 해방직후 교회 청년들이 철원애국단을 조직하여 반공투쟁을 전개하다 희생된 곳이며 순국 기념비가 있다. 교회당 왼편에 서기훈 목사 순교비가 있고 뒷동산에는 충혼탑이 있다. 이 탑은 전쟁 당시 공산당 활동에 앞장섰던 후손들이 사죄하는 뜻에서 세웠지만 이들은 자기 아버지와 할아버지의 이름도 새겨 넣었던 것이다. 제막식에서야 그 사실을 알게 된 마을 사람들은 그들 이름이 새겨진 부분만 떼어

내고 비문 명단을 고쳤다고 한다. 어처구니 없게도 냉전시대의 유물이 역사왜곡을 낳을 수 있다는 사실을 알려준 사건이었다.

장흥교회의 모교회는 철원제일교회다. 서기훈 목사는 장흥교회 담임자로서 반공활동의 전위대였던 대한청년단의 고문으로 70세의 나이에 공산군에 의해 순교하였다. 순교비 측면에 새겨진 한자 문구가 인상적이다. '死於當死非當死生而求生不是生' "죽을 때를 당해서 죽는 것은 참 죽음이 아니요 살면서 생을 구하는 것은 참 생이 아니다."

*"죽을 때를 당해서 죽는 것은 참다운 죽음이 아니고,
살면서 生을 구하는 것은 참 生이 아니다."*

장흥교회

서기훈 목사 순교 기념비

60 대한수도원

철원군 갈말읍 순담길 159

"강원도 철원군 갈말읍 군탄리에 있는 한국 개신교 최초 수도원."

대한수도원의 시작은 금강산기도원 이만집 목사의 아들 이성해(후에 목사 장립)로부터 시작된다. 경주에서 사과 과수원을 운영하던 이성해는 부친의 권유로 금강산기도원을 운영하던중 일제의 양곡수탈로 금강산기도원을 폐쇄한다.

이때 철원 장흥교회 박경룡 목사의 소개로 금강산기도원 지형과 닮은 일본인의 소유 한탄강 주변 5만평을 군마목장 경영계획이 있다고 위장매입하고 마사를 짓고 말도 구했으나 실은 기도원을 세울 속셈이었다. 일제의 핍박을 피해 많은 목회자들이 모여들어 비밀리에 기도했고 처음에는 조선기도원이라고 칭했다. 대한수도원의 2대 원장은 전진 전도사로 오늘의 대한수도원을 만들었다고 할 정도로 심혈을 기울였다. 이어서 그의 아들 최조영 목사가 3대 원장이 되어 수도원을 이끌다가 하나님의 부름을 받자 지금은 최조영 목사의 아내인 박명희 전도사가 4대 원장이 되어 수도원을 이끌고 있다. 대한수도원은 나라를 잃었을 때 기도로 나라를 구하고자 설립된 곳이다.

61 한서 남궁억기념관

홍천군 서면 한서로 667

"홍천 한서 남궁억기념관, 독립을 향한 구국일념이 가득한 무궁화 성지"

한서 남궁억 기념관

모곡예배당

홍천군 서면 모곡리에 가면 일제 강점시 누구보다도 뜨거운 가슴으로 나라사랑을 실천한 남궁억 선생을 기리는 기념관과 예배당 및 묘소가 있다. 남궁억 선생은 대표적인 개화파의 한사람으로 정치보다도 교육에 더 많은 관심을 갖고 있었으며, 민영환이 세운 흥화학교에서 개화사상과 애국정신을 가르쳤다. 독립협회에 가입하여 개혁운동에도 참여하였으나 독립협회운동이 실패로 돌아가자 남궁억은 언론계에 투신하게 된다. 독립신문을 편집한 경험을 살려서 황성신문 사장으로 취임한 남궁억은 1902년 일본이 러시아와 한반도 분할안을 토의하는 것을 폭로하여 일제의 침략야욕을 백일하에 폭로하였다. 그때문에 심한 고문을 받아 병약한 몸이 되었고 황성신문 사장직을 사임하였다.

1905년 을사조약이 체결되자 남궁억은 무엇보다도 자기 분수에 맞게 각자 할 일에 충실하는 것만이 살 길이라고 믿고 여성교육의 일선에 나서 무궁화를 통한 애국심 함양과 여권 신장에 온 힘을 기울였다. 그러나 이 때문에 그는 교단을 떠나야 했고 모곡리로 내려와 예배당을 짓고 주일학교를 시작하였다. 남궁억 교장은 학교 뒤뜰에 무궁화 밭을 일구어 7만 그루나 되는 많은 무궁화 묘목을 길러 나누어주기 시작하였다. 그러나 남궁억의 외로운 민족운동은 1933년 무궁화 십자가당 사건으로 끝을 맺게 되었다.

모진 일본 경찰의 고문을 받아 병이 든 남궁억은 그 여독(餘毒)으로 1939년 77세를 일기로 한 많은 일생을 마감하였다. 그러나 그의 무궁화정신은 우리들 마음속에 살아남아 우리의 민족사와 영원히 함께 할 것이다.

62 천곡교회

동해시 천곡동 1081-8

천곡교회는 1941년 신사참배를 거부하고 순교한 최인규 권사의 모교회로 그의 순교 기념비가 있다. 최인규 권사는 수감 1년만인 1942년 12월 16일 형무소에서 숨을 거두었다. 최인규 권사 별세 소식을 접하고 인척 조카인 최종대가 대전에 가서 화장한 후 유골을 가져왔다. 장례식도 제대로 치루지 못하고 야산에 묻었다가 해방되던 해 10월 삼척교회 입구에 묘소를 마련하였다. 그리고 이듬 해 3월, 삼척구역 6개 교회 이름으로 '최인규 순교기념비'를 무덤 위에 세웠다. 그후 도시계획때문에 기념비만 이리저리 옮기고 유해는 교회 담장 밑에 있다가 1986년 11월 천곡교회에 '최인규 권사 순교기념비'를 세우면서 그곳으로 옮겼다. 교인들은 최인규 권사가 직접 만들어 사용하던 강대상 모양을 본 따 기념비를 만들었다. 천곡교회에 가면 최인규 권사가 살아 생전에 만든 강대상이 보관되어 있다. 삼척제일교회에도 최인규 권사비가 서 있다.

천곡교회

"인류의 생사화복을 주관하시는 하나님만이 경배의 대상이지 다른 신은 경배의 대상이 되지 못한다. 십계명에는 하나님 외에 네 앞에 다른 신을 두지 말라는 말씀이 뚜렷이 기록되어 있다"

최인규 권사 순교 기념비

63 예수원

태백시 외나무골길 97 www.jabbey.org

예수원은 대천덕 신부의 가족과 성미가엘 신학교 학생들, 그리고 항동교회 신자들과 건축노동자로서 함께 일하던 형제자매들에 의해 1965년에 설립되었다. 이들이 예수원을 설립한 이유는 세 가지다. 첫째는 노동과 기도의 삶을 영위하기 위해서다. 둘째는 '코이노니아'로 설명할 수 있는 하나님과의 인격적인 관계, 신자 상호간의 관계, 기독교 공동체와 사회와의 올바른 관계 정립을 위해서다. 셋째는 성령의 인도하심을 따라 주어지는 역할을 충실하게 감당하기 위해서다.

이들의 추구하는 삶은 다음의 글로 표현되고 있다. "노동하는 것이 기도요 기도하는 것이 노동이다."

대천덕 신부 추모비

예수원의 기본 일과는 "노동이 기도요, 기도가 노동이다"

예수원

64 매봉교회

천안시 동남구 병천면 유관순생가길 18-4

유관순 생가

기독교 대한 감리회 매봉교회

유관순

매봉교회는 1901년 박해숙 전도사에 의해
설립되었다. 1905년 을사보호조약이 체결되
고 교회가 의병을 도운 것이 발각되어 결국
불에 소실되었지만 이에 굴하지 않고 농촌계
몽, 미신타파, 문맹퇴치, 독립운동을 하였다.
1907년, 두 번째로 예배당이 불탔지만 1919
년 4월 1일 병천 아우내 장터에서 많은 교인
들이 참여하여 독립만세운동을 주도하였다.
이에 일제는 집회 금지령을 내리고 다시 예
배당을 불질렀다. 1967년 이화여고 동문회
의 도움으로 교회를 세웠고, 현재의 교회는
1998년 감리회 남부연회의 모금으로 새로
신축된 것이다. 매봉교회 곁에는 유관순 열
사의 생가가 있다.

*"순국 열사 유관순을
배출하고 3·1운동 시
아우내 장터 만세운동을 주도한
교회로서 한국 기독교사만이
아니라 한국근대사에서도
중요한 의의를 지닌 교회이다."*

유석 조병옥 박사 생가

매봉교회 기념관

유관순열사 봉화탑

65 공주제일감리교회

공주시 제민1길 18

공주에 있는 감리교회로 스웨 어러(W. C. Swearer) 선교사가 1898년 서울 이남 전담 선교사로 임명받은 후 설립한 교회. 미국 감리교회는 1902년 공주 관찰부 앞에 있는 집을 구입하여 김동현 전도사를 파송 전도활동을 하였다. 1903년 7월 1일, 의사이며 미국 북감리교 선교사인 맥길(William B. McGill)이 공주에 도착하여 이용주 전도사와 함께 공주읍내 하리동(현 앵산공원 서쪽 부근)에 초가 2동을 구입하여 실제적인 공주제일교회의 모태가 된다. 1906년엔 윌리엄 선교사가 영명고등학교의 전신인 영명학교를 설립하여 많은 신도를 가르쳤는데 그것이 오늘날의 100년이 넘는 전통의 공주 영명고등학교 탄생의 계기가 되었다. 공주제일교회 건물은 1930년에 지어졌으며 1941년 전시에 적산으로 분류되어 교인들의 출입이 통제되다가 한국전쟁 때 폭격으로 파괴되어 1956년에 재건됐다.

"공주지역에서 제일 먼저 세워진 최초의 감리교회이다."

공주제일교회

공주 기독교 종합 사회복지관

공주제일교회(기독교박물관)

66 공주영명중고등학교

공주시 양명학당2길 33 http://kjym.cnems.kr/main.do

공주영명고등학교 /
개교100주년 기념탑

공주에 처음으로 복음의 씨앗이 뿌려진 것은 1903년이다. 의료선교사 맥길(W. B. Mcgill)과 이용주 전도사에 의해 공주읍교회(현 공주제일교회)가 설립된 것이 출발점이다. 다음해 한국 연회는 공주와 진천을 중심으로 한 북충청권과 청주지역을 묶어 하나의 교구로 설정하고 한국에 온 지 1년 밖에 안 되는 선교사 샤프(R. A. Sharp)에게 맡겼다. 그의 부인은 자신보다 2년 먼저 한국에 들어와 복음을 전하고 있던 선교사 하몬드(Alice J. Hammod, 사애리사)였다. 이들 부부는 서울에 상주하면서 충청도 지역을 순회하며 1년을 보냈다.

당시 보수적인 문화가 팽배했던 이곳 공주지역에서는 교육사업이 복음을 전하는데 효과적이라는 판단을 내린 샤프 부인은 영명여학교 설립에 힘을 다하였다. 샤프 선교사에 이어 공주에 파송된 선교사 윌리엄스(F. E. C. Williams)는 샤프 부인의 기초 위에 영명학교를 세우고, 본격적인 운영에 들어갔다.

영명학교는 농촌교회를 위한 실질적인 프로그램을 운영하면서 농촌지도자 배출에 주력했다. 이를 위해 영명학교는 교명을 영명실수(永明實修)학교로 개명했다 1932년 4월부터

"117년의 역사를 자랑하며 조병옥 박사, 유관순 열사 등의 인사가 거쳐간 유서 깊은 사립고등학교. 개신교(감리교) 미션스쿨이다."

영명실수학교로 운영되어오던 영명학교는 1941년 일제에 의해 강제 폐교됐고 1951년 영명중·고등학교로 복교해 현재에 이르고 있다. 유관순 열사와 그녀의 오빠 유우석, 조병옥 박사, 중앙대학교 설립자인 임영신 등이 영명학교 출신들이다.

유관순 열사의 롤모델이 됐던
사애리시 선교사 추모비

신교육의 발생지

67 영명선교사 사택 및 선교사묘

공주시 중학동 9-1

공주시 중학동에 있는 영명중고등학교 뒷편 야산 양지 바른 곳에 위치. 일제시대에 지어진 미국 감리회 소속 샤프(Robert Arthur Sharp) 선교사의 사택 1905년 미국 감리회 여선교회 소속 엘리스 하몬드와 결혼하여 공주로 내려와서 기존의 작은 초가집 자리에 새로 지어진 공주지방 최초의 벽돌 양옥으로 1921년 11월 중국인 기술자의 시공으로 지어졌다고 함.

미국 도시지역에서 흔히 볼 수 있 는 주거용 건물이지만 우리나라에서는 흔하지 않은 서양식 주택으로 근대 건축물로서 역사적 가치가 있어서 등록문화 재 233호로 지정되어 있다.

20세기 초부터 현재에 이르기까지 공주에서 선교사들이 선교사업을 벌였을뿐 아니라 영명학교가 교육을 시작한 상징적인 건물이기도 하다. 그곳에는 우광복(George Z. Willams. 프랭크 윌리암스 선교사의 아들) 선교사와 그의 여동생 올리브를 포함 6, 7명의 선교사 묘가 있다.

우리암 선교사는 일제강점기에 강제 추방될 때까지 영명학교 교장을 지내면서 '나라와 민족을 위해 몸 바치는 애국자를 기르자'를 교훈으로 내걸고 학생들의 민족혼을 길러냈다. 한국의 광복을 바라던 그는, 아들의 이름을 광복으로 지었다.

프랭크 윌리암스 선교사의 아들
우광복과 그의 여동생 올리브의 묘

구 선교사 가옥(공주 중학동)

68 공주침례교회(현, 꿈의교회)

공주시 백제문화로 2148-5 http://www.cod.or.kr

"새로운 미래의 시작은 선교적 멀티교회로"

공주침례교회는 1896년에 설립되었다. 미국 침례교회 계통의 선교단체 엘라 딩 기념선교회는 1895년 폴링 선교사를 한국에 파송했다. 이들은 배를 타고 서해안을 거쳐 금강을 거슬러 올라가 당시 충남도청 소재지인 공주에 도착했다. 5년 동안 선교했지만 큰 결실을 거두지 못하고 선교자금이 떨어지자 본국으로 돌아갔다. 1896년에는 스테드맨 선교사 부부와 엑클스, 엘머 선교사를 한국으로 파송했는데 이들에 의해 공주침례교회가 설립되었다. 공주에서의 선교사역은 펜윅 선교사에게 인계됐다. 펜윅 선교사는 1889년 우리나라에 들어와 서울에서 우리말을 익힌 뒤 황해도 소래에서 활동했다. 당시 펜윅 선교사는 무교파 독립선교사로 활동하고 있었다. 그는 1893년 캐나다로 돌아가 침례교회에서 안수를 받고 1896년 한국으로 돌아와 원산에서 선교하였다. 펜윅 선교사는 1900년 원산에서 함께 전도하던 신명균과 함께 공주교회로 부임했다. 그는 공주교회에 성경학원을 조직하여 인재를 양성하기 시작했다. 성경학원에서는 과수를 키우는 법과 토목기술을 함께 가르쳤다. 자비량 전도가 가능토록 하기 위해서 였다. 성경학원 졸업자들은 전국에 흩어져 전도하고 31개의 교회를 세우는 열매를 맺기 시작했다. 펜윅 선교사는 1906년 이들 교회를 모아 '대한기독교회'란 교단을 창립했다. 이 조직은 추후 동아기독교로, 해방 후에는 기독교한국침례교로 명칭을 바꿨다. 공주교회가 침례교회의 뿌리 역할을 감당한 것이다. 공주침례교회는 1940년 신사참배를 거부한다는 이유로 교회가 다시 폐쇄되기도 했다.

69 청주 양관

청주시 상당구 영운로 126

남아 있는 여섯 채 양관

대한제국기 미국인 선교사 밀러가 건립한 벽돌조의
건물로 충청북도 청주시 상당구 탑동에 위치한 주거용 건물

청주지역 최초로 설립된 교회는 신대교회로 이 지역민들에 의해 설립되었다. 그리고 청주지역에
제일 먼저 와 활동한 선교사는 민로아(F. S. Miller)이다. 그는 1892년에 입국하여 서울에서 활동하
다 1897년부터는 청주에서 사망하기까지 청주에서 줄곧 활동했다. 민로아 선교사는 청주성서학
원건물 등 일곱 채의 건물(양관)을 지었는데 현재 여섯 채가 남아 있다.

그 중의 네 채가 일신여자고등학교 교내에
있기 때문에 청주 양관을 보려면 일신여자
고등학교를 찾아가야 한다. 이 건물들은 주
로 교육과 선교사들의 주택으로 건립되었
다. 현재는 민로아 미술관으로 사용되고 있
다. 건물 앞에는 민로아 선교사의 묘지와
기념비가 서 있다. 민로아 선교사는 우리나
라에서 선교사로 활동하는 동안 두 명의 아
내와 사별하는 아픔을 겪기도 했다.

45년 동안 선교한 민노아 선교사 기념비

70 청주제일교회

청주시 상당구 상당로 13번길 15 http://www.cjjeilch.com

1900년 말부터 미국 북장로교의 민노아 목사는 장로교의 손길이 아직 미치지 않은 충청도 지방에 선교의 뜻을 두고 김흥경(金興京) 조사와 함께 청주지역을 돌며 전도하여 김원배(金源培), 방흥근(方興根), 이영균(李英均), 김재호(金在皓), 이범준(李範俊) 등과 같은 유망한 청년들이 처음으로 예수를 믿게 되었고, 이들을 중심으로 1904년 남문 밖에 여섯 개의 방을 가진 커다란 초가집 한 채를 마련해 교회를 설립했다. 이것이 청주제일교회의 시작이다. 교회를 설립한 지 1년 만에 교회가 성장하자 지금의 자리로 옮겨 새롭게 교회를 시작했다. 이곳은 본래 청주 영장(營將)의 관사와 죄인들을 가두는 옥사가 있었던 장소로 조선 후기 천주교 대박해 때에 많은 교인들이 고문을 당하고 마침내 순교의 피눈물을 흘렸던 역사적인 곳이다. 청주읍교회에는 구국의 열정을 가진 애국청년들이 많이 몰려왔고, 또한 이 교회 출신들이 일제시대 민족운동에 앞장서서 활동하였다. 1970년대는 민주화에도 많은 공헌을 하였다. 청주제일교회에 가면 망선루를 비롯하여 역사의 향기를 느낄 수 있는 곳들이 많다.

한국 최초의 자비량 선교사
메리 리 로간 기념비

창립 100주년 기념비

청주제일교회 민주화운동 요람비

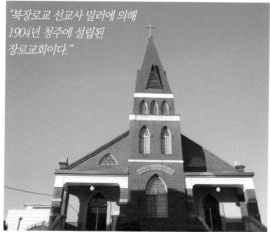

"북장로교 선교사 밀러에 의해
1904년 청주에 설립된
장로교회이다."

청주제일교회

청남학교였던 망선루터. 기념비
(청주제일교회 구내)

71 한남대학교(인돈학술원)

대전광역시 대덕구 한남로 70 http://www.hannam.ac.kr

한남대학교 성지관

한남대학 설립 위원 기념비

오정동선교사촌

인돈학술원

"1956년 미국 남장로회 한국 선교회 유지 재단
(대표자 윌리엄 린튼)이 건립한 대전기독학관이 시초로,"

한남대학교는 미국 남장로교 선교부에 의해 1956년 3월에 설립되었다. 당시에 선교부는 호남지방을 근거로 활동하고 있었지만 대전에 학교를 설립하면 호남은 물론이고 충청도와 경상도 학생들도 유치할 수 있다는 생각에서 설립한 것이다. 처음 이름은 '대전기독학관'이었고, 초대학장은 인돈(William A. Linton, 印敦) 박사였다. 1959년 정규 4년제 대학으로 발전하여 '대전대학'으로 교명을 변경했다. 1963년 미국 북장로교 선교부가 설립한 서울 숭실대와 통합하여 '숭전대학교'가 되었으나 1980년 재단이사회에서 다시 분리하여 독립적으로 운영하자고 결의 '한남대학'으로 교명을 변경했다. 캠퍼스에는 양관이 남아 있어 운치를 더해 주고 있다. 인돈학술원을 이해하려면 한남대학교의 출발을 알아야 한다. 한남대학교는 1956년에 대전대학교라는 교명으로 미국 남장로교 선교부에 의해 설립되었다. 1990년대초 한남대학교와 관련되었던 선교사들이 떠나자 존 서머빌(서의필)이 한남대 설립자인 린턴을 기념하는 인돈학술원을 세웠다. 밖에서 보면 'ㄷ'자로 구성된 건물로 한국전통 가옥의 구조를 하고 있으면서도 실내에 화장실과 욕실을 설치하는 등 서양식 건축양식도 도입한 아름다운 건물이다. 2001년에 대전시 문화재자료 제44호로 지정되었다.

72 목원대학교

대전광역시 서구 도안북로 88 http://www.mokwon.ac.kr

목원대학교는 1954년에 미국인 선교사 도익서(都益瑞, C. D. Stokes)가 '감리교 대전신학교'라는 이름으로 설립하였다. 1972년 교명을 '목원대학'으로 변경하였고 1993년 종합대학으로 승격되었다. 1996년 지금의 위치에 새 교사를 건설하기 시작하였고 1999년 이전하였다. 설립자 도익서는 한국 선교사인 부친 도마 련(Marion B. Stokes)목사와 모친 폴린 스톡스(Pauliine David Stokes)의 넷째 아들로 남 캐롤라이나주 서멀톤 312번지 외할아버지 댁에서 1915년 5월 11일에 태어났다. 일생 한국에서 선교사로 활동하다 1997년 1월 10일, 82세를 일기로 애틀랜타에서 하나님의 부르심을 받았다.

"1954년 미국 남감리회 선교사 선교사
스톡스에 의해 설립된 감리교 대전신학원이다."

목원대학교 교회

목원대학교

정문

73 한국침례신학대학교

대전광역시 유성구 북유성대로 190 http://www.kbtus.ac.kr

한국침례신학대학교는
70년의 빛나는 역사와
전통을 지닌 기독교한국침례회의
복음적인 신학대학교이다.

침례신학대학교 정문

침례신학대학교

침례신학대학교는 1953년 2월 '침례회성경학원'으로 개원하여 원장에 존 에버네티(한국명 나요한) 선교사, 교사에 한기춘, 최형근 목사가 임명되었다. 1954년 4월 8일에는 성경학원을 신학교로 승격시키고 같은 해 문교부로부터 예과와 별과를 모집할 수 있는 개설 인가를 얻어 신학교로서의 면모를 갖추기 시작했다. 이렇게 시작한 학교는 1956년 3월 8일 제1회 졸업식에서 특수과 18명을 최초로 졸업시켰고 같은 해 10월 목동 캠퍼스 부지 위에 착공된 본관 건물이 이듬 해 1957년 11월에 완공되어 본관을 "에버네티관"이라 명명했다. 초대교장으로서 헌신적으로 활약한 존 에버네티 박사를 기념하여 건축되었기 때문이다.

74 대전신학대학교

대전광역시 대덕구 한남로 41 http://www.daejeon.ac.kr

대전신학대학교는 1954년 '대전
야간신학교'로 시작되었다. 당시에
는 교회 지도자들이 부족했던 시대
였기에 야간신학교를 설립한 것이
다. 초대 교장에는 이자익 목사가
취임했는데 그는 한국 장로교 역사상 총회장을 세 번이나 지낸
분이다. 이자익 목사는 경남 남해에서 태어나 가난을 견딜 수 없
어 전북 김제로 이주하여 조덕삼의 마부가 되었다. 그는 조덕삼
의 마부였지만 주인을 제치고 먼저 장로가 되었다. 조덕삼은 금
산교회 2대 장로가 되어서도 이자익을 극진히 받들어 신학공부
를 시켰으며, 목사가 되자 금산교
회 담임목사로 청빙하는 등 아름다
운 목사와 장로의 모습을 보여주었
다. 대전신학대학교는 이러한 정신
이 흐르고 있는 학교이다.

*"1954년, 이자익 목사, 백낙봉 목사 등이 주축이 되어
대전광역시에 대전야간신학교를 개교한다."*

대전신학대학교

75 신대교회

청주시 흥덕구 미호로403번길 27

청주에서 미호천변 뚝방길을 따라가다 보면 오른편에 농촌마을 신대동(新垈·새터)으로 접어들면 깔끔하게 정리된 예배당건물이 있고 그 마당모퉁이에 검은 오석 큰비가 세워져 있다. 〈기독교전래기념비〉인데 1985년에 한국기독교선교100주년기념사업회 충청도협회가 세웠다. 1884년 이후에 조선에 온 알렌, 언더우드, 아펜젤라 선교사와 신대교회를 설립한 오천보 성도와 주막교회, 시장의 주막을 빌려 광목에 십자가와 태극기를 그려놓고 드린 예배, 신대교회를 중심으로 복음적 교회의 기반을 닦아온 민노아(F.S Miller)

선교사에 이르는 호서지역교회가 기록되어 있다. 창립 116주년 기념예배당이 2016년에 준공되었으나 옛 성전은 그대로 방치되어 철문은 녹슨 채 쇠사슬로 묶어두어 보는 이의 마음이 씁쓸했다. 헐린 담장 옆으로 들어가 보면 초대 오을석 장로의 추념비와 설립자 오천보 장로의 부인 이춘성 전도부인 공적비가 서 있다. 6. 25때 교회 역사가 모두 소실되어 남아있지 않았다. 한국 기독교회가 역사보전과 유적관리에 좀 더 힘쓰기를 바란다.

머릿돌

"충청북도
최초의
교회이다"

오을석 장로 추념비(우)/
이춘성 전도부인 공적비(좌)

충청북도 최초의 교회 - 신대교회

옛 신대교회

76 마량진성경전래지

서천군 서면 서인로 317번길

1816년. 알세스트호와 리라호

마량진.최초성경전래지

1611년 킹제임스 성경

한국최초 성경전래지 기념관

"아름다운 포구와 우리나라 최초 성경 전래지가 있는 마을"

한국 교회가 급성장한 이유 중 하나는 한국 교회가 성경 위에 세워졌기 때문이다. 1882년 심양에서 로스 선교사와 이응찬 등 한국인들에 의해 우리말 성경이 간행되었다. 지금까지 밝혀진 바에 의하면 우리나라에 성경이 가장 먼저 전래된 곳은 마량진이다.

1816년, 알세스트(Alcest)호와 리라(Lyra)호의 맥스웰(Murry Maxwell), 바실 홀(Basil Hall) 함장은 영국 정부로부터 한국 서해안 일대를 탐사하라는 훈령을 받았다. 이들은 서해안 일대를 시찰하고, 해도를 작성하던 중 9월 5일 마량진 앞 갈곶에 들러 첨사 조대복에게 최초로 성경을 전달했다는 기록이 있다. 이 기록은 순조실록 19권(조선왕조실록 제48권, 국사편찬위원 회)과 1818년 출간된 '한국서해안항 해기'(A Voyage of Discovery to the West Coas Loochoo Lsland)에 나타난다. 이에 서천군에서는 마량진 성역화 사업과 함께 아펜젤러기념관 건립 사업도 함께 추진하고 있다.

77 아펜젤러순직기념관

서천군 서면 서인로225번길 61   http://www.appenzeller.or.kr

아펜젤러 순직기념관

*아펜젤러는 한국인의 목숨을 구하기
위해 자신의 생명을 던진 사람으로,
평소 그가 늘 외우던 성경말씀인
"사람이 친구를 위하여 자기 목숨을
버리면 이 보다 더 큰 사랑이 없나니"
(요15:13)라는 말씀을 몸소 실천하였다.*

아펜젤러가 탄 배

아펜젤러 순직기념비

마량진은 우리 역사상 최초로 서양 사람들로부터 성경이 전수되었다는 내용이 문헌상(조선왕조 순조실록)의 기록으로 남아있어, 한국 최초의 성경전수 사건으로 인정되고 있으며, 한국교회는 이곳에 한국최초성경전래기념비와 아펜젤러순직기념비를 세웠다. 아펜젤러 순직기념관은 그의 순직 110주년을 맞으며 문을 열고 일반에 공개되었는데, 지하 1층, 지상 3층 규모(건물면적 350㎡)로 주전시실인 지하 1층(뱃머리부분)에는 감리교 선교의 과거·현재·미래 전시관이, 2층과 3층에는 선교역사자료실과 전망대 등으로 꾸며져 있으며

아펜젤러 선교사의 생애와 사역뿐만 아니라 조선 초기 감리교회의 선교사역을 잘 정리한 자료들이 구비되어 있다. 기독교대한감리회 충청연회는 아펜젤러가 나고 자란 고향을 직접 방문하여 그가 처음 조선선교사로 출발했던 러블리레인교회를 비롯, 든든한 후원자였던 존 프랭클린 가우처 목사의 흔적을 찾아 고증하였다. 아펜젤러 순직기념관 전망대는 아펜젤러 순직 현장에서 가장 가까운 육지로, 망원경을 통해 시신도 남기지 않은 아펜젤러 선교사의 정신과 신앙을 깊이있게 묵상할 수 있는 최적지이다.

78 칼 귀츨라프 선교사(고대도교회)

보령시 오천면 고대도2길 42

선교 원년 기념비(보령 해저터널)

귀츨라프

"최초의 개신교 선교사는 독일인 '칼 귀츨라프'이다""

1832년 7월 26일 고대도를 찾았던 귀츨라프 선교사를 만나기 위해서다. 당시 귀츨라프 선교사는 25일 동안 섬에 머무르며 조선 국왕에게 통상청원서를 제출하는 한편 주민 들에게는 전도문서와 성경책을 나눠주고 감자 재배법을 가르쳤던 것으로 알려져 있다. 어학에 탁월한 자질이 있었던 그는 짧은 체류기간에도 주민에게 주기도문을 한글로 번역하게 했

을 뿐 아니라 직접 한글을 배워서 이듬해 중국 선교잡지를 통해 한글 자모를 소개했다. 하지만 조선 정부가 통상을 불허하고 떠날 것을 요구하자 뒷날을 기약하며 발길을 돌릴 수밖에 없었다. 고대도교회는 1982년 4월 30일 곽길보 목사에 의해 설립되었다. 귀츨라프는 그 날의 심경을 '조선서해안항해기'에 이렇게 기록했다. "조선에 뿌린 하나님의 진리가 없어질 것인가? 나는 그렇게 믿지 않는다. 조선 백성을 은혜롭게 방문할 하나님의 원대한 계획이 있을 것이다 … 성서에는 하나님께서 이 보잘 것 없는 시초까지도 축복하신다고 확실하게 기록되어 있다. 나는 조선에 곧 먼동이 터 좋은 시대가 오기를 바란다."

고대도교회

고대도 전경

79 강경침례교회

논산시 강경읍 계백로 167번길 10

강경침례교회

*"1889년의 창립예배 이후
1896년에 창립된 강경침례교회는
논산 지역 개신교 중에
가장 먼저 설립된 교회이다."*

기독교한국침례회 강경교회 100주년 기념비

1889년 한국에 온 캐나다인 선교사 펜윅의 영향으로 미국 보스톤 클라랜튼 침례교회 엘라 씽 기념선교회에서 파송한 폴링(E.C. Pauling)과 아만다 가데린(Amanda Gardeline)의 선교로 1896년 2월 9일 지병석 외 4인이 강경 북옥 136번지 지병석의 자택에서 강경침례교회를 시작하였다. 일제 탄압으로 폐교회된 것을 8.15 해방이 되자 성도들의 기도로 홍교리에 있던 일본인들의 사찰을 교회당으로 삼아 이종덕 목사를 초대 담임으로 모셨다. 이종덕 목사는 1903년 19세 때 독립당에

입당 독립운동 중 체포되어 임천주재소에 감금되었다가 펜윅 선교사와 임천 유지 장기영 씨의 도움으로 풀려나서 공주교회 내 성서학원에 입학 최초의 신학생이 되었다.

1906년 강경침례교회에서 침례회 최초의 총회가 모였고, 그때부터 성경학교를 개설하여 지금의 대전침례신학대학이 되었다. 현재 강경침례교회 터는 침례교회 전국 총회에서 강경읍 북옥리 137번지를 침례교단 사적지로 지정하였다.

80 강경 북옥감리교회

논산시 강경읍 옥녀봉로 73번길 8

강경 북옥감리교회당은 본래 성결교회 예배당이었다. 성결교회 예배당
이 감리교회 예배당으로 된 배경에는 다음과 같은 사연이 있다. 강경성
결교회는 1923년에 설립된 교회로 신사참배 거부운동을 최초로 벌인
교회이기도 하다. 주일학교 학생 57명이 1919년 신사참배를 거부하였
다. 이런 교회가 1953년 예배처가 협소하다고 매물로 내놓았다. 이것을
처음에는 천주교 신자가 공장으로 사용하려고 구입했는데 하나님께 예
배드리던 곳을 공장으로 사용했 다가는 하나님의 징계를 받을까봐 1년
간 비어 둔 것을 윤반인 목사와 김현구, 김무웅 씨가 매입하여 감리교회
가 된 것이다. 이 예배당은 2002년 9월 등록문화재 제42호로 지정을 받
았다. 예배당 크기는 전면 4칸, 측면 4칸 도합 16칸의 규모로 36평 건물
이다. 좌우편에 남녀 출입문이 있다. 바닥에는 마루를 깔았고 천장은 들
보와 종보, 서까래가 드러난 연등천정 구조를 하고 있다.

"강경 북옥감리교회,
1923년에 건립한 한옥 양식의 교회건물이다."

강경 북옥감리교회(2002년 9월 등록문화재 제42호)

81 강경성결교회

논산시 강경읍 계백로219번길 40-1 http://www.gangch.kr

강경성결교회

최초 신사참배거부 선도기념비

강경성결교회 머릿돌

"신사참배는 무지한 미신이며 우상에게
절하는 것은 하나님 앞에 큰 죄가 되므로
절대 절하지 않겠다."

강경은 평양, 대구와 함께 조선시대 때 3대 상권을 형성할 정도로 번창한 도시였다. 1902년에 충청도에서는 처음으로 우편취급소가 설치되었고, 전기도 제일 먼저 들어올 정도로 앞서가던 도시였다. 이곳에 강경성결교회가 설립된 것은 1918년이다. 경성 성서학원(현 서울신학대학교)을 졸업한 정달성 전도사가 감리교회 세력이 강한 이곳에 내려와 성결교회를 시작했다. 교회가 시작된 지 4개월 만에 3. 1운동이 일어났는데 동양선교회 존 토마스 목사가 강경에 내려왔다가 일본 경찰에게 구타당하는 사건이 일어났다.

이 사건으로 존 토마스 목사가 한국을 떠나게 되었고 영국 공사가 그를 대신하여 소송을 제기하여 승리했다. 이때 받은 보상금으로 강경성결교회 예배당을 건축한 것이다. 그러나 이 예배당은 현재 강경 북옥감리교회 소유로 되어 있다. 강경성결교회는 신사참배를 제일 먼저 거부한 교회로 유명하다. 주일학교 학생 57명이 신사참배를 거부하게 된 배경에는 주일학교 교사이면서 강경초등 학교 교사였던 김복희 선생의 가르침이 있었기 때문이다. 예배당 뜰에는 '최초신사참배거부 선도기념비'가 서 있다.

82 논산 병촌성결교회

논산시 성동면 금백로 475

66인 순교기념비

죽음도 막지 못한 66인의 신앙 '병촌성결교회'

병촌성결교회는 6. 25 당시 많은 아픔을 겪은 교회이다. 유엔 연합군의 인천상륙과 더불어 불리해진 공산군들이 도주에 앞서 병촌교회 성도 16세대 66명을 한꺼번에 쇠스랑과 삽과 몽둥이로 죽여 흙구덩이를 파고 매장하였다. 이러한 처참한 상황에서도 정수일 여집사는 시부모와 3남 1녀의 자녀 그리고 시동생과 어린 조카 등 11명이 한꺼번에 몰살당하는 가운데에서도 개인적인 신앙을 굽히지 않고, 오히려 가족과 나라를 위하여 기도하면서 순교하였다. 교회 뜰에는 순교 추모비가 서 있다.

논산 병촌성결교회

6.25동란 순교자기념비

83 행곡교회

울진군 근남면 행곡리 102-1

행곡교회

경상북도 울진군 근남면 행곡리에 있는 일제강점기 대한기독교 침례교회 건축물

울진군 근남면 행곡리에 위치한 이 교회는 울진에 처음 세워진 교회이면서 전국적으로 침례교회로는 6번째로 세워진 유서깊은 교회이다. 말콤 펜윅(Malcolm C. Fenwick 1863~1935) 선교사의 영향을 입은 손필환이란 교사가 1908년 이 교회를 창립했다. 행곡교회를 들어서면 입구 정면에 옛 건물이 있고 왼쪽에는 1983년 신축한 교회, 오른쪽에는 부속건물이 있어 전체적으로 'ㄷ'자형을 이루고 있다. 옛 건물은 한옥형 교회로 건립 당시 남녀유별 사상에 따라 남녀예배석의 구별되어 있었으나 구별 해제로 위치변경이 이뤄졌다. 이런 점 때문에 한국교회사 연구에 귀중한 자료로 여겨지며 2006년 등록문화재 제286호로 지정됐다. 비상시 피신처 역할을 한 '지하방공호'와 오래된 강단과 의자 등의 자료들이 보존돼 있다. 이 교회는 또한 순교자를 배출한 성지이기도 하다. 전치규 목사와 전병무 목사, 신도 남석천 등이 각각 일본군과 공산당에 의해 순교했다. 이로 인해 이 교회를 한국 침례교의 성지라 해 동해안의 예루살렘교회로 부르기도 한다.

2006년 국가등록문화재 제286호 – 울진 행곡교회

84 용장교회

울진군 죽변면 화성리 273

"울진 용장교회는 1907년 울진에서 제일 먼저 설립된
행곡교회의 교세 확장에 따라 설립된 교회"

대한기독교 침례회 용장교회 일동(사진 자료)

용장교회는 울진에 순교로써 복음의 씨앗을 뿌렸던 행곡교회로부터 거둬진 열매이다. 1910년 일제 강점기에 설립된 침례교회로 원래 마을 입구 밭에 있었는데 1936년 현재의 위치로 이전. 행곡교회와 함께 근대 한옥형 교회 건물 연구에 귀중한 자료가 되고 있다. 2006년 문화재청 등록 문화재 제287호로 지정.

2006년 문화재청 등록문화재 제287호

내부

85 척곡교회

봉화군 법전면 견문골길 186-42

척곡교회는 1907년 5월 17일에 설립되었다. 고종황제 때 탁지부(현, 재경부) 주사직을 맡고 있던 김종숙이 언더우드 선교사의 설교에 감동을 받고 이곳으로 낙향해 문촌교회를 출석하다 척곡교회를 설립했다. 1909년 9칸짜리 정방형 기와집 예배당을 건축한 김종숙 장로와 장복우 씨 등은 지역 주민들을 교육하기 위해 6칸짜리 초가 명동서숙을 건축하기에 이르렀다. 명동서숙은 한국 초기 교회들이 운영하던 학교 건물을 그대로 보존하고 있다는데 큰 의미가 있다. 지금은 지붕이 함석으로 돼 있지만 초기에는 기와지붕으로 되어 있었다. 예배당도 당시에는 남녀석이 분리되어 있었고, 출입문도 동서쪽으로 각각 만들었다. 물론 가운데는 광목을 쳐서 남녀를 구분했다. 특히 관심을 끄는 부분은 예배당 앞쪽 강대상 부분이 아치형으로 돼 있어 초기의 건축술을 확인할 수 있다. 지금도 예배당 우측 벽에는 성미자루를 걸었던 못들이 교인들의 숫자만큼 남아 있다. 척곡교회는 초창기 교회와 관련된 자료들을 그대로 보존하고 있다. 초대 교적부를 비롯해 초기 당회록과 1921년 척곡장로교 면려회 회록, 1927년 봉화전도 척곡지회 회의록, 1930년 척곡교회 기본금, 기성회의록 등 대부분 원형 그대로 보존돼 있었다. 산골 교회인 척곡교회는 개신교 전파와 더불어 독립운동의 근거지였다. 봉화의병장과 독립투사들이 비밀 회합을 가지는 장소였고, 간도로 보내는 독립운동 자금을 전달하는 통로였다. 명동서숙은 북간도의 명동학교와 명칭이 같다.

척곡교회

머릿돌

"독립투사들의 회합 장소였던
산골교회 - 봉화 척곡교회"

86 내매교회

영주시 평은면 천상로 258

내매교회 내부

"민족의 희망 일구려고 힘쓴교회, 영주 내매교회"

내매교회는 시골의 전형적인 작은 교회다. 그러나 내매교회는 결코 작은 교회가 아니다. 새문안교회를 섬겼던 강신명 목사를 비롯하여 수십 명의 목회자와 장로를 배출한 교회이기 때문이다. 내매교회는 1909년에 이미 성경사경회를 열 정도로 교회가 설립되자마자 영주와 봉화지역을 선도하는 교회가 되었다. 뿐만 아니라 1910년에는 내명학교를 설립하여 1995년에 폐교되기까지 졸업생 2,189명을 배출하기도 하였다. 한편 이상촌을 건설하기 위하여 1920년경에 '향약개조'를 만들어 농촌운동을 선도하기도 했는데 그 내용은 다음과 같다.

첫째, 우상숭배와 선조제사(先祖祭祀)를 금지하고 구습타파와 미신을 일소한다. 둘째, 동민 전체가 주초, 장기, 바둑, 도박, 주막 출입을 엄금한다. 셋째, 일제의 앞잡이인 경찰관 지원을 엄금한다. 넷째, 신, 불신을 막론하고 관혼상에는 자비량하여 협조한다. 다섯째, 소(牛)외에 가축 사육을 금지하며 깨끗한 신앙촌을 만든다. 여섯째, 주일은 성수하며 우물 문을 잠그고 전날에 준비한다.

내매교회 창립100주년 기념비

87 성내교회

영주시 풍기읍 가주로 81번길 6 http://www.sungnae.or.kr

연혁에 의하면 성내교회는 1907년에 설립되었다. 권서 전도인 장치순, 심취명 등의 전도로 풍기에 복음이 전해졌을 때 동부동 자인촌에 거주하던 김기풍, 이동, 장사문, 이상호 등이 영접하고 교회를 설립했다.

1909년 3월에는 김용휘, 김창립 씨 등이 중심되어 서부동 초가 15칸을 구입하여 예배당을 설립하면서 '풍기교회'라고 명명했다. 이후 교회가 부흥하여 1914년에는 예배당을 증축하였다.

1919년에는 김창립 씨 등이 중심되어 영신학원을 설립하여 교육에 힘쓰기도 했다. 새문안교회를 담임했던 강신명 목사의 부친 강병주 목사와 연동교회를 섬겼던 김형태 목사의 김영옥 목사도 성내교회를 섬기기도 했다. 역사관이 마련되어 있어 풍기 성내교회의 초기 역사 및 우리나라 초기 기독교 역사를 볼 수 있는 자료들을 볼 수 있다.

성내교회

"성내교회는 영주시 풍기 지역에서 세워진 최초 교회로,
복음을 전파하며 한국 근현대사와 궤를 같이한 의미 깊은 공간이다."

성내교회 100주년 기념비

110년 전 당회록 원본이 그대로... 풍기 성내교회

88 영주제일교회

영주시 광복로 37 http://www.yjfchurch.or.kr

"영주제일교회는 일제의 탄압에 맞서며, 일찍부터 교육활동에 힘썼다.

교회 연혁에 의하면 영주제일교회는 1907년 설립되었다. 1907
년 봄부터 오월번 선교사와 강제원 장로의 전도에 의해 정석주
외 수 명이 주님을 영접하였고, 1908년 성저동 정석주의 집에
10여 명이 모여 예배를 드리면서 시작되었다. 그러나 『조선예수
교장로회 사기』에 의하면 영주제일교회는 1909년에 설립된 것
으로 나타나 좀 더 연구해야 할 부분이다.

1909년에는 교인이 30여 명에 달하자 초가 세 칸 예배당을 매입
하고 경북노회에 가입했다. 현재의 돌 예배당은 1954년에 착공
하여 1958년에 헌당식을 거행했다. 영주제일교회는 영주지방을
선도하는 교회다. 복음교단 창설의 한 주인공이었던 윤주병 목
사도 한때 영주제일교회를 섬기기도 했다. 영주제일교회는 경안
중학교(현, 영광중학교) 설립에도 힘을 써 젊은이들을 양성하는 일에
앞장서기도 했다.

89 연당교회

영주시 평은면 예봉로47번길 41

안동에서 영주를 잇는 5번국도 산간도로를 가다보면 깊은 연못같은 지형이라 저만치 둔덕에 자그만하고 아담한 연당교회와 고물로 10만원에 팔아버린 교회 종을 수소문 해 천안골동품상에서 2백만원을 주고 되사온 종을 다시 단 종탑이 보인다. 연당교회는 1908년 11월 24일 강두수 영수가 자택에서 신화수 성도 일가와 함께 가정예배를 드림이 그 시초가 된 교회이다. 115년의 세월동안 설립자 강두수 영수와 그 후손들이 대를 이어 아들 강대은 목사, 손자들인 강형원 장로와 강성원 목사, 강덕원 목사에 이르기까지 평은면 마을과 함께 하면서 섬겨왔다. 농촌 인구 감소로 강단을 지킬 목회자가 끊기자 증손녀

인 강경희 전도사가 집안 대대로 지켜오던 연단교회의 명맥을 자신의 대에서 끝낼 수는 없다는 사명감을 가지고 서울에 남편과 가족을 다 두고 60대 나이에 부임하였고 연단교회 강단을 지키며 마을들을 섬기고 있다.

강전도사의 열정적 목회는 이웃 4개 마을을 향해 사랑을 펼쳤고 이제는 주일예배를 스피커를 통해 온마을에 전함으로 거동이 불편한 노령층들도 한마음으로 은혜를 누리고 있다. 일제때 예배당을 불사르고 3, 1운동참여 등 환란속에서 지켜온 연당교회가 믿음으로 되살아나고 있다.

연당교회

연당교회 교회 역사

"가문의 헌신,
112년 복음
역사 지켜오다"

대를 이은 목회자들

10만원에 팔아버린 교회 종을 수소문 해
천안골동품상에서 2백만원을 주고 되사옴

머릿돌

90 상락교회

예천군 지보면 지보리길 167-20

"김윤식 목사 등
목회자 30명
배출"

상락교회

상락교회 100주년 기념비

순교자 & 순국자의 기념비

상락교회는 1906년에 설립되었다. 양조환 씨가 의성군 다인면에 사는 사돈지간인 오이건으로부터 전도를 받고 동리의 외손격인 두 젊은이 전병원과 김낙진에게 복음을 전하였다. 이 세 사람이 매주 주일 날이면 낙동강을 건너 30리 밖에 있는 삼분교회에 예배를 드리러 다녔다.

그러나 30리 먼 길을 주일마다 가기가 너무 힘이 들어서 장차 온 마을 사람들이 함께 예배드릴 수 있는 장소를 마련하기로 하고 1906년 10월 15일 양조환의 사랑방에서 첫 주일예배를 드리게 되었는데, 이것이 상락교회의 시작이다. 점차 마을 전체가 예수를 믿고 모두가 교인이 됨으로써 지보리 408번지

에 새로운 예배장소로 초가 목재 12칸을 지었다. 교회가 더욱 성장하게 되 자 자리를 양지바른 동쪽 언덕으로 옮겨 함석지붕과 시멘트벽으로 이루어진 30평 규모의 두 번째 예배당을 신축하게 되었다.

그리고 현재의 자리에 교회가 마련된 것은 세 번째로 1968년 본당 60평을 지었고, 1982년에 20평 규모의 현관을 신축하였다. 두 번째로 예배당이 있었던 그 자리에는 2003년 10월 15일 상락교회 100주년기념관이 건립되었다. 상락교회는 순교자 2명, 순국자 1명, 총회장 2명, 목사 29명, 장로 21명을 배출했다. 역사관도 있어 교회의 역사를 살펴볼 수 있다.

91 비안교회

의성군 비안면 만세길 511-12

비안교회

3.1독립만세 운동 경상북도 시발지 기념탑

"세 분의 총회장을 배출한 교회"

머릿돌

의성군 비안은 경북에서 제일 먼저 3.1운동이 발발한 곳으로 알려져 있다. 1919년 3월 12일의 일이다. 비안지역의 3. 1운동은 기독교인들이 중심되었다. 평양신학교에 입학하기 위해 평양으로 갔던 김원휘가 서울과 평양 등지에서 일어난 독립만세 운동을 목격하고 고향으로 돌아와 쌍계동교회 박영달, 안평 괴산동교회 박영화 목사 등과 상의하여 독립운동을 추진했다. 당시 기독교인들은 박영신의 집에서 태극기 200여 장을 제작해서 군중들에게 나누어 주면서, 독립운동을 주도하였다. 이때 일본 경찰의 발포로 3명이 죽고, 6명이 부상을 당했으며 다수의 군중이 체포되었다. 비안교회는 이러한 지역에 1924년 설립되었다. 1924년 군위교회에서 비안면 동부동에 살고 있던 정두영 씨 집 마당에서 3일 간 전도집회를 열었는데 이때 수십 명

의 결신자가 나왔고 박갑년 씨 주택이 예배처가 되었으며 군위교회에서 예배를 인도했다. 이에 교단 본부에서 1925년 4월에 배문준 전도사를 파송하여 교회를 섬기게 했다. 비안교회는 출발부터 민족과 함께하는 모습을 보여주었다. 박흥섭 장로는 3.1운동에 동참했을뿐만 아니라 눈물로 기도하던 분으로 유명하다. 특히 전도대를 조직하여 북으로는 함경도, 남으로는 제주도까지 다니며 복음을 증거했다. 천일봉 장로는 농민운동을 통한 독립운동을 했다는 이유로 1943년 5월 24일 의성경찰서에 연행되어 옥고를 치르기도 하였다. 또한 비안교회는 배문준, 한명우, 박석근 목사 등 세 분의 총회장을 배출한 교회이기도 하다. 경상도의 그 어느 지역보다 독립에 대한 열망이 강했던 지역에 위치한 비안교회는 비록 지방의 작은 규모의 교회지만 신앙적인 면에서는 큰 기둥이었다.

92 안동교회

안동시 서동문로 127 http://www.adpc.or.kr

안동교회는 1909년 안동시내에서 영주 지곡 교회를 출석하던 교인들에 의해 설립되었다. 안동교회는 지난 100여 년 동안 단 한 번의 분열없이 숱한 고난의 세월을 견디며 민족 복음화의 역사를 이어 온 교회이다.

일제강점기 때는 일제의 총칼로부터 교회와 고장을 지키며 독립운동에 앞장섰고, 6·25 사변 전후로는 공산당으로부터 복음과 자유를 지키기 위해 목숨을 걸었으며, 한국교회 중흥기인 1960~70년대에는 교파와 교단을 초월하여 안동지역 복음화를 위해 힘써 일한 교회였다. 또한 안동교회는 1921년 우리나라에서 처음으로 기독청년면려회를 만들어 한국기독교청년운동을 주도하여 훗날 고등부, 청년회, 남선교회 전국연합회로 발전하는 기틀을 닦기도 했다.

안동교회에 가면 돌 예배당도 보아야 하지만 지난 25년 동안 성경을 국문, 영문, 일문으로 12번이나 필사한 故 김광현 원로목사 아내인 최의숙 사모의 성경도 보아야 한다. 이것은 안동교회는 말씀 위에 서 있다는 증거이기 때문이다. 그리고 안동교회에는 4대째 장로로 한 교회를 섬기는 집안이 있다. 현재 시무장로인 이정일 장로의 가정으로 한국 기독교 역사상 전무후무한 기록이 될 것이다.

*"우리나라 처음으로 기독청년면려회를
만들어 청년운동을 주도한 교회이다"*

안동교회

최의숙 사모의 성경필사

93 이원영 목사 생가 사은구장(仕隱舊庄)

안동시 도산면 백운로 559

선비 목사로 독립운동가요 창씨개명을 거부하고 한국장로교총회의 신사참배 회개 결의를 이끌어낸 봉경 이원영 목사(1886. 7. 3 - 1958. 6. 21)의 생가는 경북 안동시 도산면 안동댐 하천구역에 자리잡고 있다. 도산서원, 퇴계, 이육사 등의 고택과 함께 200년이 넘는 생가는 낡은 채로 남아있다. 본래는 안동시 문화유산 제49호로 관리되고 있으나 1976년 안동댐을 건설하면서 안동댐 하천구역으로 지정됨으로 어떤 건물도 행정적으로 속할 수 없는 상황이 되어 무허가 건물로 치부되어 단순 보수나 관리마저도 쉽지않은 실정이라서 안타깝다. 뒷마당 모퉁이에는 안동군 풍산면 수곡동 4150에 있던 이원영 목사의 묘지가 1999년 11월 대전국립묘지 애국지사 제2묘역으로 이장되면서 기념비로 옮겨 세운 묘비가 있다.

"안동출신 독립투사
봉경 이원영 선비목사"

이원영 목사 비

이원영 목사 생가 사은구장

94 경안고등학교

안동시 제비원로 182 http://school.gyo6.net/ka

경안고등학교

"이원영 목사 신앙을 받아들여 황민화정책, 창씨개명, 신사참배에 끝까지 항거"

1954년 2월 20일에 재단법인 경안고등학원이 설립 인가를 받고 반피득(Peter Van Lieroph.D) 선교사가 초대 이사장으로 취임하였다. 동년 3월 19일에는 경안고등학교 설립 인가를 받았다. 동년 4월 1일 반피득 선교사가 초대 교장으로 취임하였으며, 김인한 교감이 부임하였다. 안동 이원영 목사는 3.1 독립운동기간에 예안의 만세시위를 이끌다 체포되어 서대문형무소에 1년 복역 중 기독교 신앙을 받아들였다. 출옥 후 섬촌교회 설립에 함께 하였다. 1930년 평양 장로회신학교 졸업. 황민화정책, 창씨개명, 신사참배에 끝까지 항거. 광복 후 교회 지도자 양성을 위해 경안고등성경학교(현재의 경안신학원)을 설립하였다.

설립자 : 반피득 박사

95 인노절 선교사비

안동시 제비원로 182   http://school.gyo6.net/ka

인노절 선교사비

> *"안동은 전통적인 유교 특색이 강한 곳인데도*
> *오히려 기독교의 성장이 더 강한 곳이다"*

인노절(Roger E. Winn) 선교사비는 경북 안동 경안고등학교 교정에 세워져 있다. 인노절 선교사는 한국에 입국하여 부산, 밀양 등지에서 활동하다 1918년 안동으로 이거하여 권찬영 선교사와 함께 경안노회의 설립에도 많은 공헌을 하였으며 1920년 4월 10일 경안성서학교(현, 경안신학대학원대학교)를 설립하기도 했다. 그러나 이듬 해 이질에 걸려 사망했다. 그의 비 옆에는 그의 두 자녀의 묘와 비도 함께 서 있다. 안동과 영주지역은 유교가 강한 지역임에도 경상도의 다른 지역보다 기독교인의 비율이 높은 편이다. 물론 대도시와 비교할 수 없지만 안동과 영주지역의 복음화율은 매우 높다. 여기에는 권찬영 선교사와 더불어 인노절 선교사의 공헌이 크다고 하겠다.

96 청송 화목교회 & 엄주선 선교테마공원

청송군 현서면 구산1길 9

청송 화목교회

청송군 현서면에 있는 화목교회는 1904년에 설립된 경북 청송지역의 첫 교회이다. 1950년 5월 목사고시에 합격하고 목사안수를 받기전 부임한 엄주선 강도사가 1951년 2월 17일 새벽기도회 중에 6.25 한국전쟁에 침략해온 북한인민군 패잔병들에 의해 납치되어 인민군 10사단장으로부터 믿음을 버리면 살려주겠다는 회유를 받았으나 오히려 복음을 전하다가 춘산쪽으로 12킬로미터나 끌려가 인민군의 총검에 19군데나 찔려 순교를 당한 순교의 교회이다. 예장(통합) 총회 한국기독교사적지 제10호이다. 화목교회와 엄주선 순교자기념사업회는 성도들의 헌납과 경상북도와 청송군의 후원으로 화목교회에서 2km 떨어진 곳에 2012년에 사랑과 순교정신을 기억하고 후대에 기릴 수 있도록 순교테마공원을 조성했다

"엄주선 강도사는 새벽기도회를 마치고
홀로 기도하다가 공산당들에게 납치되어
공산군 총검에 찔려 순교를 했다"

엄주선 선교테마파크

엄주선 강도사 순교비

97 군위성결교회

군위군 군위읍 동서4길 6

군위교회

머릿돌

"윌리엄 헤슬롭(William Heslop)
선교사가 풍금을 팔아
헌금한 돈으로 교회를
세웠다고 전해진다"

이종익 목사와 노성운 집사 순직비

군위교회 교육관

군위교회에 가면 이종익 목사와 노성운 집사를 만나게 된다. 군위교회는 1920년 동양선교회 헤스톱 선교사가 자신이 갖고 있던 풍금을 팔아 설립했다. 군위는 지금도 지방의 작은 도시다. 군위교회는 성결교회로 장로교가 주를 이루는 지역에 세워졌지만 아름답게 성장해가고 있었다. 일제치하에서 신앙생활을 영위한다는 것은 쉬운 일이 아니었다.

일제의 핍박이 절정에 달했던 1937년 이종익 목사와 노성운 집사는 낡은 예배당을 헐

고 새롭게 예배드릴 처소를 마련하기 위하여 철거작업을 벌이던 중 건물이 붕괴되어 하나님의 부름을 받게 되었다. 일제의 탄압으로 많은 성도들마저 교회를 떠났을 때 하나님의 나라에 소망을 갖고 교회를 지키던 이들은 생명까지도 하나님께 바친 것이다. 이들의 죽음을 기려 1990년 11월 20일 교회 창립 70주년을 기념하면서 이들의 죽음을 기리는 순직비를 세웠다.

98 포항제일교회

포항시 북구 새마을로 172   www.pohangcheil.org

포항제일교회는 1905년 안의와 선교사가 영일군 북면 포항리에서 서성오, 김상오 씨 등과 함께 '포항교회'라는 이름으로 설립했다. 1909년 초가 3칸을 구입하여 첫 예배당을 갖게 되었다. 1911년에는 영흥초등학교를 설립하기도 했다. 지금은 포항소망교회가 사용하고 있는 구 예배당은 6.25 당시 미군이 남하하는 북한군을 막기 위해 포항을 폭격하였는데 십자가가 세워져 있는 포항제일교회 예배당만 남았다는 것은 유명한 사실이다. 구 예배당이 시장 가까이 있어 늘어나는 교인을 수용할 수 없어 2003년 10월 26일 새로운 예배당을 신축하고 현재의 자리로 옮겼다.

포항제일교회

"6.25 당시 미군이 남하하는 북한군을 막기 위해 포항을 폭격하였는데 십자가가 세워져 있는 포항제일교회 예배당만 남았다"

99 한동대학교

포항시 북구 흥해읍 한동로 558 https://www.handong.edu

한동대학교

한동대학교 입구

HANDONG
GOD'S University

한동대학교 교회

한동대학교는 '하나님의 대학교'라는 자부심을 갖고 있는 대학이다. 1992년 9월 송태헌이 학교법인 현동학원으로 설립 허가를 받아 1995년 한동대학교로 개교하고, 초대 총장에 김영길 박사가 취임하였다. 한동대학교는 긴 역사를 갖고 있지 않지만 한국사회에 끼치는 영향은 대단하다고 하겠다.

이러한 사실은 한동대학교 〈비전선언문〉에 잘 나타나 있다. 한동대학교는 기독교 정신으로 민족과 세계를 변화시키는 21세기 지도자들을 교육하는 국제적인 대학교가 될 것이며, 탁월한 자질과 훌륭한 기독교적 인성, 특히 정직과 봉사의 희생정신을 겸비한 새로운 지도자들을 배출할 것이다.

첫째, 한동대학교는 사랑, 겸손, 봉사의 정신으로 하나님의 영광을 위하여 세상을 변화시키는 각계 각층의 정직한 그리스도인 지도자를 양성한다. 둘째, 한동대학교는 전문성과 도덕성을 바탕으로 지역사회와 국가 및 세계, 특히 개발도상국을 섬기고 봉사하는 정직한 국제적 지도자를 양성한다. 셋째, 한동대학교는 기독교 세계관 아래 여러 학문 분야에 헌신하여 교육의 참된 목표를 확립하고 성경적 창조론을 회복하며, 훼파된 윤리 도덕을 회복시켜 나가는 유능하고 정직한 지성인을 양성한다. (이사야 58:12)

100 자천교회

영천시 화북면 자천8길 10 http://www.jacheon.net

자천교회는 1903년에 어드만 선교사가 교인들과 합심하여 교회를 설립하였다. 건물은 동서쪽으로 약간 긴 네모 형태의 우진각지붕이며, 출입구는 양쪽에 두 개를 만들었다. 내부는 정면을 중심으로 후면에 두 개의 온돌방을 만들어 순회하는 선교사들이 사용하게 했다. 중앙에는 칸막이를 만들어 남녀석을 구분했다. 자천교회는 2003년 경상북도 지방문화재로 지정되어 경상북도와 영천시에서 재정을 지원받고 문화재 전문가들의 고증을 거쳐 복원공사를 했으며 2006년 4월 1일 준공감사예배를 드렸다. 최근에는 예배당 앞에 위치하고 있던 한옥을 기증받아 교육관으로 사용하고 있어 한옥 예배당의 운치를 마음껏 발산하고 있다.

자천교회 (2003년 경상북도 지방문화재로 지정)

"국내유일 겹집 구조 '一 자형' 예배당"

자청교회 내부

101 경주제일교회

경주시 중앙로47번길 3 http://www.kjfc.or.kr

교사의 노방전도로 예수를 믿게 된 박수은, 김순명, 이남생 씨 등
10여 명이 경주시 성건동 197번지 초가에 예배 처소를 정하고,
1902년 5월 10일 안의와 선교사의 인도로 첫번째 예배를
드림으로 시작되었다. 경주제일교회는 불국사가 보여주듯
불교의 세력이 강한 지역의 모교회로서 지역사회에
빛과 소금의 역할을 감당해 오고 있다.
1909년에는 계남학교를 설립하기도 했고,

3.1운동 당시에는 많은 교인들이
참여하여 독립운동에 가담하기도 했다.
현재의 위치로 예배당을 이전한 것은
1920년이다. 이때 지은 예배당을 지금도
교육관 등 다양한 용도로 사용하고 있을
정도로 보존이 잘 되어 있다. 경주제일교회의
본래 이름은 '경주읍 노동교회'였는데,
1947년에 경주제일교회로 명칭을
개명하여 오늘에 이르고 있다.

"3.1운동 중심에는
노동리 교회
(경주제일교회)가
있었다"

경주제일교회

102 대구제일교회

대구광역시 중구 국채보상로 102길 50   http://www.firstch.org

현재 대구제일교회

"경북지방에 처음 생긴 기독교회로,
선교사들이 이 지방을 개화시키기
위해 근대적 의료 및 교육을
전개했던 곳이다"

대구광역시 유형문화재 대구
제일교회 제30호 (역사 박물관)

목사 안의와 선교 기념비

대구제일교회는 대구와 경북지역의 모교회다. 설립연
도에 대해 몇 가지 주장이 있는데, 배위량 선교사가 처
음 대구에서 복음을 전한 1893년을 설립연도(교회측)로
주장하기도 하고, 학자들은 1897년 안의와 선교사가 대
구에 정착하면서 시작한 때를 대구제일교회(구, 남성정교
회)의 시작으로 주장하고 있다. 대구제일교회 구 예배당
은 1992년 1월 7일 대구광역시 유형문화재 제30호로
지정되었다. 대구제일교회는 담장 사이로 동산병원이
있고, 신명여고도 있다. 그만큼 대구제일교회는 역사적
현장을 담고 있다. 신명여고에 있는 3. 1운동 기념탑, 동
산병원과 의료선교박물관 그리고 대구 사과의 기원이
된 사과나무 시조목이 있다. 이 나무는 1899년 제중원
(현, 계명대학교 동산병원)을 설립한 존슨 박사가 미국 미주
리주에 주문하여 들여와 사택에서 재배하던 나무 중에
서 유일하게 남아 있는 손자 나무이다. 대구시가 보호수
로 지정하여 관리하고 있다.

대구제일교회 50주년 기념비

103 의료선교박물관(동산의료원)

대구광역시 중구 달성로 56   https://daegu.dsmc.or.kr:49880/

선교사 스윗즈 주택(선교박물관)

챔니스 주택(의료박물관)

선교사 블래어 주택(교육역사박물관)

*"개화기때인 20세기 초 황무지였던 지금의 동산병원과 청라언덕 땅을
1898년, 아담스와 존슨이라는 이름의 선교사들이 싸게 구입해
병원과 학교를 지었고 지금의 청라언덕이 생겨났다"*

개원 백주년기념 종탑

의료선교박물관

은혜의 정원

계명대학교 동산의료원은 대구제일교회와 담을 사이에 두고 위치하고 있다. 동산의료선교관은 계명대학교 동산의료원 안에 위치하고 있다. 1999년 10월 1일 개원 100주년을 맞이하여 대구시 유형문화재로 지정된 선교사 사택 2동을 선교박물관, 의료박물관으로 설립하였다. 이와 더불어 2001년 2월 1일 교육·역사박물관을 개관하여 100여 년의 의료·역사를 한눈에 볼 수 있는 귀중한 자료들을 전시하였다.

동산의료원

청라언덕

104 대구 계성고등학교

대구광역시 서구 새방로 171 https://keisung.dge.hs.kr

대구 계성학교 아담스관, 대구읍성 성돌이 남아 있는 영남지방에서 처음 세워진
서양식 학교

대구 계성고등학교

설립자 안의와 신학박사

*"계성 계성 만세라 우리 계성 만만세 햇빛과 같은 너의 광채를
세상에 비춰라 영원무궁 비춰라 우리의 자랑인 계성아"*

계성고등학교는 1906년 미국 북장로교 선교사 안의와(J. E. Adams)가 남문안교회(현, 남성정교회) 안의 선교사 사택에서 시작되었다. 당시 대구에는 공사립 초등학교만 있었기에 중등 교육기관으로는 계성고등학교가 처음이다. 안의와 선교사는 대구는 물론이고, 경상북도의 많은 지역에 복음을 전하며 교회를 설립하였다. 우리나라에 들어왔던 초기 선교사들은 트라이앵글 정책이라고 해서 교회와 학교와 병원을 함께 시작하는 정책을 펼쳤다. 대구의 경우, 대구제일교회 - 계성고등학교 - 동산병원이 대표적 사례이다. 계성고등학교는 1908년 대신동에 2층 양옥을 건축하여 이전했고 계성고등학교는 1911년 11월에 운동부를 조직하여 정구, 축구, 야구를 가르치기 시작했으며 1922년에 농구부도 조직하여 이름을 날리기도 했다. 계성고등학교에는 개교 30주년인 1936년에 만든 50계단이 있다. 성경의 희년에 비유하여 자유와 해방, 용서를 의미한다. 박목월 시인, 박태준 음악가 등이 계성고등학교 출신이다.

105 대구 신명고등학교

대구광역시 중구 국채보상로 102길 48

대구 신명고등학교는 1907년 미국 북장로
교 선교사 부해리의 부인 부마태(Martha Scott
Bruen) 여사가 남산동(현 동산동) 소재 사택에서
'신명여자중학교'라는 이름으로 시작되었다.
1913년 현재의 자리에 벽돌로 건축한 본관
을 신축하고 이전했다. 3. 1운동 당시에는 이
재인 선생의 지휘 아래 학생들이 독립만세운
동에 적극 참여하기도 했다. 2004년 남녀공
학으로 변경하면서 교명도 '신명고등학교'로
바꾸었다. 신명고등학교는 기독교 문화의 창
달에 교육 목표를 두고 있다. 이를 이루기 위
하여 인격인, 실력인, 생활인, 사회인, 세계인
을 기르는 교육에 힘쓰고 있다.

"하나님을 영화롭게 하라"

대구신명고등학교

106 사월교회

대구광역시 수성구 달구벌대로661길 61   http://www.sawolch.com

사월교회

"역사를 가르치는 교회
대구사월교회"

사월교회는 1898년 11월 21일 매호동(당시 경산군 고산면) 김명근씨 집에서 안의와 선교사를 모시고 김명근 부부와 박태복 모친 등 10여 명이 모여 예배를 드림으로 시작되었다. 1902년 교인들의 다수가 살고 있는 사월동에 초가 삼간을 구입하여 교회를 이전했다. 『조선예수교장로회 사기』에 의하면 1901년에 설립된 교회로 기록되어 있다. 초기 역사에 대해서는 좀 더 자세하게 살펴보기 바란다. 경북 청도와 경남 밀양 지역에 처음으로 복음을 전한 김경수도 사월교회 출신이다. 김경수는 경북 청도 사람으로 대구 시장에 나왔다가 안의와 선교사를 만나 기독교인이 되어 사월교회를 출석하면서 그의 고향인 청도와 그의 친척들이 살고 있는 밀양까지 복음을 전했다. 1905년부터 안의와 선교사에 이어 사월교회를 담당했던 부해리 선교사(Henry Munro Bruen)가 말을 타고 다니자 대구 시민들은 '안경말'이라고 불렀다고 한다.

107 월평교회

울주군 두동면 구미월평로 554

*"6명의 순교자를 배출한
울산 월평교회"*

월평교회는 1909년 3월 8일 호주의 왕길지 선교사가 전읍교회 이기연 성도와 함께 예배를 드림으로 시작된 교회이다. 월평교회의 최초 결신자는 우씨 집성촌의 거부이며 한학자인 우영식 씨인데 그는 선교사의 전도를 받고 심한 핍박을 하였으나 우영식 씨 가족은 물론 일가친척들도 다 예수를 믿고 월평교회의 주축이 되었고 순교자를 내기에 이른다. 월평교회 순교자들이 순교당한 때는 6.25전쟁이 나기 이전에 지역의 공산당인 남로당에 의해 순교했다는 점이다. 무신론적 유물사관의 공산당은 기독교를 대적하고 핍박을 하고 있다. 월평교회의 첫 순교자는 우영식 씨의 셋째 아들인 우두봉 집사로 경주에서 사업하던 중 고향집에 들렀다가 1948년 4월 13일 예수 믿는다는 단 한가지 이유로 마을회관 마당에서 공비들에게 사살되어 순교했다. 두번째 순교자는 우재만 집사로 1950년 2월에 월평교회 앞 저수지에서 피살되었다. 그후 1950년 6.25 발발한 지 5일후 인민군들이 울산에 오기도 전인데 예배단에서 기도하고 있던 정두란 집사, 조재연 성도, 조말복 성도는 공비들의 습격으로 순교하였다. 여섯번째 순교자는 두번째 순교자 우재만 집사의 동생인 우성만 집사로 1951년 8월 14일 추석에 형의 순교로 홀로된 형수를 위로하기 위해 큰댁에 찾아 왔다가 순교를 하였다. 울산지역 126년의 기독교 역사 가운데 6명의 순교자를 낸 월평교회는 2014년에 고신총회의 순교자기념교회로 지정되었고 울산순교자기념사업회가 발족되어 월평교회 순교자를 기리는 사업을 시작하고 있다. 이 순교자들의 고장을 지키기 위한 공로도 인정되어 몇 분은 대전국립묘원에 안장되었다.

월평교회   순교자 기념비

108 초량교회

부산광역시 동구 초량상로 53 http://www.choryang.org

초량교회

초량교회는 부산진교회와 더불어 부산지방 초기 교회다. 배위량 선교사가 1892년 5월 영선현에 위치한 자신의 '사랑방모임'에서 초량교회가 시작되었다. 그리고 같은 해 11월 7일 초량교회를 설립했다. 배위량 선교사는 후에 평양으로 이주하여 숭실대학교를 설립할 정도로 교육에 관심이 많은 선교사였다. 초량교회는 늘 민족과 함께 질곡의 역사를 통과해 왔다. 구한말 근대화와 일제 강점기에는 우리 민족의 독립을 위해 교인들과 함께 싸웠고 일본에 대항하며 신사참배 운동을 반대했다. 또한 한국전쟁 당시에는 피난 성도들의 마지막 보루였다. 초량교회는 우리 기독교 역사에서 빼놓을 수 없는 주기철 목사가 있던 곳이다. 초량교회 제 3대 담임목사인 주 목사는 우상에게 절할 수 없다며 일본의 신사참배를 반대하는 신앙의 지조를 지키다 순교했다. 담임목사의 올곧은 기질은 성도들에게서도 그대로 나타난다.

초량교회에 가면 역사전시관이 있다. 초량교회의 초기 자료들은 물론이고, 주기철 목사가 사용하던 강대상도 보관되어 있다.

"초량교회는 늘 민족과 함께 질곡의 역사를 통과해 왔다"

주기철 목사가 사용하던 강대상

109 부산진교회

부산광역시 동구 정공단로17번길 16 http://busanjin.or.kr

부산진교회

"경남지역 항일운동, 호주 선교사들의 순교정신에서 비롯된 것"

부산진교회는 초량교회와 더불어 부산지역 모교회다. 1890년 미국 북장로교 선교부는 배위량(W. Baird) 선교사를 부산으로 파송하여 복음을 전하게 했다. 배위량 선교사는 미국 공사 헤어드(A. Heard)의 도움을 받아 부산진에 약 80평 대지의 한옥을 확보, 동년 11월 그는 부인, 당시 공관에서 일하던 미국인 가족들, 자기 집에서 일하던 한국인 몇 사람과 예배드리기 시작했다. 그후 1891년 1월에 설립예배를 드림으로 부산진교회가 시작되었다. 배위량 선교사는 후에 평양으로 이전하여 숭실대학교를 설립했다. 부산진교회는 1894년 4월 22일 남자 1명과 여자 2명에게 세례를 베풀었다. 1904년에는 심취명 장로가 임직을 받아 당회가 조직되었다. 심취명 장로는 부산지역에서는 처음으로 장로가 되었고, 나중에는 목사가 되어 경상도 여러 지역의 교회를 돌봤다.

공로기념비

110 부산진일신여학교(현, 동래여고)

부산광역시 동구 정공단로17번길 17 https://school.busanedu.net/dongnae-gh-h

현재의 동래여자고등학교는 1895년 호주 여자전도부에서 부산진 좌천동에 '사립일신여학교'라는 이름으로 개교했다. 한국에 들어온 선교사들은 주로 일본 요코하마에서 배편을 이용해 입국했기에 부산을 경유하고는 하였다. 부산에 먼저 복음을 전했던 선교사들은 미국 북장로교 선교사들이었으나 이들이 대구와 서울, 평양지역으로 이주하자 부산과 경남은 호주 장로교 선교부가 담당했다. 호주 선교부는 일신병원을 설립하여 여성들의 건강에 일익을 감당하기도 했고, 일신여학교를 설립하여 많은 여성지도자를 배출했다. 의열단 단장과 결혼한 박차정 열사도 일신여학교 출신이다. 일신여학교는 3. 1운동 당시 독립운동에 적극 가담하기도 했다. 1925년 동래구 복천동 500번지로 이전하여 '동래일신여학교'로 개명했다. 그러나 신사참배를 끝까지 반대하여 1940년 학교가 폐쇄되는 아픔도 겪었다. 그러나 안타깝게도 1940년 구산학원(현, 동래학원)에 넘기고 말았다.

"강철은 굽힐 수 있어도, 강철같은 우리 마음 굽힐 수 없어"

부산일신여학교

111 동래중앙교회, 한국기독교선교박물관

부산광역시 동래구 충렬대로 202번가길 24 https://yeram.or.kr

한국기독교 선교 140주년을 맞으면서 그 최기 역사와 유물들을 소장하고 알리는 박물관이 전국 주요도시와 지방에 건립되는 것은 바람직한 일이다. 부산에 있는 동래중앙교회는 비전센터를 건축하고 3층부터 한국기독교선교박물관을 개관하고 한국교회에 공개하고 있다.

1885년 부활주일 아침 장로교 언더우드선교사와 감리교 아펜젤러 선교사가 나란히 낯선땅 조선에 제물포항을 통해 입국함으로 시작된 선교사들의 이야기, 일제의 압박과 공산당의 핍박에도 오히려 사라지지 않고 더욱 성장해 세계의 선교센터가 된 한국교회의 발자취, 각 나라의 선교사들에게서 전파된 역사의 기록도 있다. 고요하고도 잠들어 있는 조선땅에 의료, 교육, 음악, 체육 등을 통한 복음전파와 이 땅을 위해 순교한 192분의 한국사랑의 표징 등, 한국에 전래된 기독교종파별 기원과 유래도 정리되어 있다. 특히 로비에 들어서면 성경 다음으로 많이 읽히는 기독교의 고전 〈천로역정〉의 조형물로 된 테마관의 첫 영적을 받는 것이 인상적이다.

"한국기독교선교박물관은 우리나라 어디에
내놓아도 뒤떨어지지 않는 가장 뛰어난 박물관"

한국기독교선교박물관

동래중앙교회

112 고신대학교

부산광역시 영도구 와치로 194   www.kosin.ac.kr

고신대학교

"CORAM DEO" 하나님 앞에서

고신대학교는 1946년 한상동, 주남선 목사 등이 '고려
신학교'라는 이름으로 설립하였다. 교훈은 '코람데오
(CORAM DEO-하나님 앞에서)'이다. 한편 1955년 '칼빈학원'
을 설립하여 신학과, 종교학과, 영문학과, 철학과를 개
설하였다. 1961년 두 학교를 병합하여 1962년 고려신
학교로 복교하였다. 1970년 고려신학대학으로 승격하
고 신학과를 개설하였다. 1976년 기독교교육과를 신설
하고 1978년에는 대학원 인가를 받았다. 1980년 고신
대학으로 개칭하고, 1993년 고신대학교로 교명을 변경
하였다. 한편 고려신학대학원은 충남 천안시 삼용동 40
번지에 위치하고 있으며, 송도캠퍼스도 있다.

113 고신대학교 복음병원

부산광역시 서구 감천로 262　www.kosinmed.or.kr

고신대학교 복음병원

*"1951년 장기려 박사가
영도구 남항동에
복음진료소를 개설한 것이
병원 역사의 시초이다"*

성산관

간호대학

고신대학교 복음병원은 1951년 '복음진료소'라는 이름으로
남항동에 위치한 제3영도교회에서 시작되었다. 초대원장에
는 장기려 박사가 취임했다. 6. 25전쟁 직후 피난민과 가난한
환자를 치료하기 위해 무료병원으로 시작된 것이다. '시대의
성자'로 불리는 성산 장기려(聖山 張起呂)박사는 6. 25동란 중
복음진료소와 1951년 12월 영도구 영선동 2가 180번지로
이전한 천막병원인 '복음의원'에서 무료진료하면서 인술을
베풀어 가난한 이웃들에게 참사랑을 실천하였다. 1957년 현
위치로 이전한 후, 발전이 지속되는 가운데 1981년에는 의학
부(의대)가 설립되고, 1968년 설립한 복음간호 전문대학을 설
립했다.

성산 장기려 박사

114 부산 장신대학교

김해시 김해대로 1894-68 www.bpu.ac.kr

부산장신대학교는 1953년 10월 '대한예수교장로회 대한신학교 부산분교'라는 이름으로 시작되었다. 노진현, 이수필, 구영기, 장승환, 김천규 5인이 실무를 담당하고 초대 이사장에는 이순경 목사, 초대 교장에는 노진현 목사가 취임했다. 당시에는 아직 학교 건물이 없어 중앙교회, 북성교회, 광복교회를 임시 교사로 정하고 수업을 진행했다. 1956년에는 대한예수교장로회 총회 신학교로 발전시키기 위하여 '대한예수교장로회 부산신학교'로 교명을 바꾸었다. 부산 장신대학교는 1999년 현재의 자리에 건축을 시작하여 완공한 후 이전하였다.

"부산장신대학교는 경상남도 김해시에 위치한 장로교계 사립 대학이다"

부산장신대학교

115 주기철 목사 기념관

창원시 진해구 웅천동로 174   http://www.jugicheol.or.kr

주기철목사 기념관

2015년 3월 24일 개관한 기념관은 총사업비 50억 원을 투입해 대지면적 4,506㎡, 건축면적 613㎡, 연면적 1,024㎡ 2층 규모로 건립됐으며 1층에는 전시시설을 비롯한 영상실 등을 갖췄고 2층에는 전시실과 자료실이 있다. 주기철 목사의 유품 100여 점이 전시되고 무학산 십자바위 모형이 자리잡고 있다. 주기철 목사(1897~1944)는 경남 창원(진해구 웅천)에서 태어나 3.1운동에 참가한 이후, 1926년 평양의 장로회 신학교를 졸업했고 부산과 마산, 평양에서 목사로 활동하며 신사참배를 거부하고 항일운동을 계속하다가 1938년 일본 경찰에 검거돼 복역중 1944년 4월 평양

"진실한 신앙과 애국의 길을 다시 묻다 '일사각오' 순교자 주기철 목사의 항일독립운동 생애 복원, 민족사적 감동 이끌어"

형무소에서 옥사했다. 1963년 건국훈장 독립장을 추서받았고 1968년 국가보훈처로부터 애국선열로 인정받아 동작동 국립묘지에 유해를 안장했으며 지난 2007년 10월에는 '이달의 독립운동가'로 선정되기도 했다.

주기철목사

무학산 십자바위

웅천교회

116 함안 손양원 목사 생가

함안군 칠원면 덕산4길 39 http://sonyangwon.org

손양원 기념관

"당신은 이미 이 땅 사람이 아니었습니다"

'사랑의 원자탄' 손양원(1902~1950) 목사
의 생가 복원 및 기념관이 부지 3,655㎡
에 전시장, 기록보관실, 기념품매장, 사무
실 등을 갖춘 지상 2층, 지하 1층 규모로
지어졌다. 손 목사의 생가(30㎡)도 복원했
다.

손양원 생가

이곳 출생으로 신학교를 마치고 전남 여
수 애양원에 부임했던 손 목사는 1940년
일제의 신사참배 강요에 맞서다 투옥돼
광복 때까지 옥고를 치렀다.

1948년 10월 여순사건 때 좌익 학생에게
두 아들을 잃었지만 '원수를 사랑하라'는
성경의 가르침에 따라 그 학생을 양아들
로 삼았다. 6. 25전쟁이 한창이던 1950년
9월 북한군에게 체포돼 여수에서 총살당
했다.

3부자 관

칠원교회

117 순직 호주선교사 묘원

창원시 마산합포구 진동면 공원묘원로 134

경남선교 120주년 기념관.
2009년. 마산 무학산 기슭에 묻혔던 맥피 선교사 무덤 앞에 땅 주인이 이장하지 않으면 법적인 조치를 취한다는 경고장이 붙은 것이 계기가 되어 창신대 강병도 이사장과 경남성시화운동본부 그리고 마산공원묘원 이사장이었던 신성용 집사가 약 45억 상당의 부지를 기부하면서 묘원 조성이 시작됐다. 이곳에는 부산, 경남지역에서 활동하던 총 8명의

순직 선교사들의 묘비가 있으며 [데이비스(부산), 맥케이(부산), 애담슨(부산), 라이트(부산), 알렌(진주), 네피어(진주), 멕피(마산), 데일러(진주)와 경남 출신 주기철 목사(진해)와 손양원 목사(함안)] 기념관 내부에는 8명의 순직 선교사들의 활동과 그들에 관한 기록들이 소장되어 있다. 호주선교사기념 묘원은 현재 경남성시화운동본부가 맡아 운영하고 있다.

호주 선교사 순직 기념비문

호주 선교사 묘원

"선교사들은 먼 이국땅 한국에서 풍토병 등에 걸려 고생하다 이름도 빛도 없이 순교했다"

경남 선교 120주년 기념관

118 진주교회와 형평운동

진주시 의병로 250번길 16 www.jinjuchurch.kr

진주교회

진주 최초 일반인, 백정 함께한 교회

형평사 창립 축하식 장소
(옛, 진주극장 자리)

외국선교사들이 조선에 오면 관습상 초기에 겪는 어려움이 몇가지 있었다. 첫째는, 남녀 칠세 부동석으로 예배당 안에서 남녀가 섞여 앉을 수 없음으로 좌우로 분리하여 휘장으로 가리던지, ㄱ자 예배당을 짓고 모퉁이에 강단을 놓고 좌우에 남녀를 분리해서 예배를 보게 한 것이다. 둘째는 양반제도에 의한 신분차별의 계급사회였다. 가축을 도살하는 사람들을 백정이라 하대 하면서 한자리에 앉지도 않는다. 진주지역의 첫 교회는 1905년 카렐 선교사가 세운 옥봉리(현, 봉래동)교회인데 따로 예배했다. 1909년에 라이얼 목사

는 "하나님 앞에서는 사람은 누구나 차별이 없고 평등하다"고 하면서 함께 한자리 예배를 결단하자 30명을 제외한 200명은 교회를 떠나 버렸다. 이후에 계속 설득하여 그해 8월 1일부터 한자리에서 예배를 보게 되었고 이는 한국교회가 신분차별을 없애는데 앞장선 형평운동의 역사적인 날이었다. 2013년 4월 진주교회와 사회단체인 형평운동기념사업회는 진주교회 비전관 옆에 이 역사적 형평운동을 기념하는 표지판을 세워 그 뜻을 기리고 후대에 전하고자 하였다.

선교기념비

"하나님 앞에서는 사람은 누구나 차별이 없고 평등하다"

형평운동기념탑(경남문화예술회관 앞)

119 남해읍교회

남해군 남해읍 망운로 35 http://holynamhae.or.kr

남해읍교회

최상림 목사 순교자비

*"전국 노회중 신사참배 가결을
하지 않은 노회가 되었다"*

최상림 목사는 1888년 11월 경남 양산군 기장면에서 출생하였고 평양신학교를 졸업한 후 1930년에 남해읍교회에 부임하였다. 섬마을인 남해군 복음화를 위해서 여러곳에 교회를 개척하였다.

1938년 일제의 신사참배 강요가 거세졌고 장로회총회는 신사참배결의를 하기에 이르렀을 때 당시 경남 노회장이었던 최상림 목사는 '죽으면 죽으리라'는 일사각오로 신사참배에 반대하며 노회를 해산시킴으로 전국노회중 신사참배 가결을 하지 않은 노회가 되었다. 그후로 연행되며 고문과 49차례나 형무소에 수감되는 고초를 격던중 해방을 앞둔 1945년 5월 6일 평양형무소에서 하나님의 부르심을 받고 안식에 들어갔다.

최상림 순교자의 뜻을 이어가는 남해읍교회는 6.25 전쟁중에 다음세대선교와 지역사회봉사를 위해 1951년 남해유치원, 1960년 예배당을 완공하면서 1961년 성경구락부, 1965년 남성고등공민학교 인가, 1981년 신용협동조합, 1990년 어린이선교원 개원 등으로 지역사회의 교육을 주도해 오고 있다. 1973년 남해대교가 놓이면서 섬에서 육지가 된 남해군의 첫 교회인 남해읍교회 1998년 최상림 목사의 순교자비를 세워 그의 순교정신을 기리고 있다.

2006년 5월 90여 년의 북변리 시대를 마감하고 현위치에 지상 4층 예배당을 완공하고 새세대를 향한 복음전파에 힘쓰고 있다.

120 남전교회

익산시 오산면 남전1길 87

미국 남장로회 소속 선교사로 입국한 전킨 선교사(한국 명 전위
렴)는 1893년 9월 육로를 이용해 전주를 답사한 후 서울로 올
라갔다. 1894년 레이놀즈 선교사(한국 명 이눌서)는 해로를 이
용, 군산에 도착해 전주로 들어갔다. 선교사들은 사람들이
오가는 길 또는 장터에서 복음을 전했다. 이들의 복음을 받
아들인 7명(이름이 전해지지 않음)을 중심으로 군산의 전킨 선교
사 집을 중심으로 주일을 지키던 모임이 남전교회의 시작이
다.(1879년 설립된 익산 최초의 교회) 1919년 3.1 운동(4. 4 익산 솔리
독립만세운동)의 진원지이며, 또한 만세운동의 현장에서 순국한
문용기 열사, 박영문 열사, 장경춘 열사, 박도현 열사를 낳은
교회이기도 하다.

익산 4.4 만세운동 순국열사비

"남전교회는 익산 지역 최초의 교회이며,
100년 넘은 당회록을 보존하고 있다.
1919년 익산의 3.1운동인 솔내 4.4 만세운동은
남전교회를 중심으로 한 조직적인 만세 운동이었다"

성도 남전 박병호 선생 순교비

한국기독교장로회 총회 유적교회 지정 제1호 익산노회 남전교회

121 황등교회

익산시 황등면 황등10길 29 http://www.hd-ch.kr

황등교회는 1921년 계원식 장로가 설립한 교회다. 계원식 장로는 평양 기성의원 원장을 지내다 황등으로 이주하여 기성의원을 설립하고 병원에서 시작된 기도회가 황등교회의 기원이다. 계원식 장로는 의술이 뛰어나 일본 사람들이 군산으로 이주하여 일본인들을 치료해 달라고 부탁했지만 이를 거절하고 가난한 이들을 위해 헌신하며 복음을 전했다. 장로회신학대학 학장을 지낸 계일승 박

사가 계원식 장로의 아들이다. 황등교회는 1944년 계일승, 변영수 등이 일본 지주를 비난하는 내용의 연극을 공연했다가 이리 경찰서로 연행되어 고문을 당하기도 했다. 6. 25전쟁 때 변영수 장로와 계일승 목사의 부인인 안인호 집사, 이성권 등이 북한군에 의해 학살당하는 일도 있었다. 황등중·고등학교를 설립하여 교육에도 많은 노력을 기울이고 있는 교회다.

황등교회

"1884년 제작되어 한국에서 제일 오래된 교회 종으로 알려진 황등교회 사랑의 종을 보유하고 있다"

황등교회 창립 60주년기념비

122 **두동교회**

익산시 성당면 두동길 17-1

"처음에 박재신은 집안 여자들의 교회 출입을 반대했지만 부인 한재순이 임신하게 되자 자기 집 사랑채를 예배당으로 내놓게 되면서 1923년 5월 18일 두동교회가 시작되었다"

ㄱ자 예배당 두동교회

두동교회가 위치한 두동리에 처음 복음을 전한 선교사는 해리슨이다. 그는 1896년에 내한하여 서울, 목포에서 활동하다 1915년 이후 군산지역에서 활동했다. 이때 박재신의 집안 여인들이 부곡교회를 출석하고 있었는데 손이 귀한 가정에서 박재신의 처 한재순이 임신하게 되자 박재신이 자신의 사랑채를 예배당으로 헌당하였다. 그러나 교회가 성장하게 되자 1929년 현재의 'ㄱ'자 예배당을 건축하게 되었다. 이 예배당은 2002년 4월 6일 전북문화재 자료 제179호로 지정되었다. 현재 우리나라에 남아 있는 'ㄱ'자 예배당은 김제 금산에 있는 금산교회와 더불어 두동교회가 유일하다.

두동교회

선교 초기 남녀유별의 유교문화를 슬기롭게 피하면서 복음을 전하려고 노력했던 선조들의 지혜가 엿보이는 대목이다. 남녀 회중석을 직각으로 배치하여 서로 볼 수 없도록 하였으며 두 축이 만나는 중심에 강단이 위치하고 있다. 남녀 회중석 모두 3칸 크기로 같은 규모이다.

123 군산아펜젤러순교기념교회

군산시 내초안길 12 http://appenzeller.co.kr

한국교회 안에는 아직 순교에 대한 개념이 명확하게 정리되어 있지 않아 아펜젤러 선교사의 죽음이 '순교인가 아닌가?'를 말하기는 어렵다. 아펜젤러 선교사는 1902년 성경을 번역하는 모임에 참석하기 위해 배편을 이용하여 목포로 가다가 어청도 부근에서 배가 좌초되는 바람에 죽게 되었다. 조난당한 배에서 살아남은 광산업자 보울비에 따르면 아펜젤러 선교사는 충분히 탈출할 시간이 있었음에도 불구하고 배 아래 칸 3등 선실에 있던 한국인 조수와 이화학당 여학생을 구하려고 내려갔다가 참변을 당했다고 한다. 혼자만의 탈출 대신, 조선인 친구를 구하려다 희생당한 아펜젤러 선교사는 친구를 위하여 내 목숨을 내놓는 것보다 더 위대한 일은 없다고 한 요한복음의 말씀을 실천한 인물이다. 아펜젤러순교기념교회는 아펜젤러 선교사의 순교 105주년을 맞이하며 설립되었다. 숙소와 아펜젤러 선교사 탐방 프로그램도 마련되어 있다.

"민족의 등대되어 바다 속 잠들다"

군산 아펜젤러 순교 기념교회

124 한일장신대학교

완주군 상관면 왜목로 726-15 https://www.hanil.ac.kr

"1923년 미국 남장로교 선교부에서 파견한 서서평 선교사가 광주에 여성들을 위한 전도부인 양성학교가 그 전신이다"

한일장신대학교

한일장신대 서서평선교사기림비

한일장신대학교 교회

한일장신대학교는 1922년 6월 2일 광주에서 여선교사 쉐핑(E. J. Shepping)에 의해 여성을 위한 전도부인(Bible Woman) 양성학교로 시작되었다. 그 다음 해인 1923년 9월 4일 전주에 설립된 여성성경학교는 1928년에 미국에 있는 하밀톤 부부(Mr.& Mrs. Thedres Hamilton)의 교사 신축헌금으로 중화산동 1가 155번지에 교사를 신축하고 교명을 '전주한예정성경학교'로 개명하여 학생교육을 하게 되었다. 그 이후 1940년 9월과 10월에 신사참배 거부로 광주와 전주의 성경학교는 폐교를 당했으며, 일본이 패망하면서 1945년 8월 복교했다. 전주 한예정성경학교는 1952년 전주 고등성경학교로 인가받아 보다 수준 높은 교육을 실시하던 중 1956년 '전주한예정성서신학원'으로 교명을 변경하고 전라북도 교육위원회로부터 고등학교령에 의한 학교로 인가되었다. 1961년 4월에는 전주 한예정성서신학원의 '한'자와 광주 이일성서신학교의 '일'자만을 따서 '전주 한일신학원'으로 합병하여 미국인 선교사 고인애 여사가 초대교장으로 취임하였다. 1967년 7월, 전라북도 교육위원회로부터 '한일신학원'을 '한일여자신학교'로 변경 인가를 받았으며 1974년 10월, 제1대 학장에 강택현 목사가 취임하였고, 1978년 9월 대한예수교 장로회(통합) 총회로부터 지방 신학교로 인준을 받았다.

125 제내교회

완주군 봉동읍 백제대학로 42

제내교회

*"제내교회는 1900년 3월 5일 제내리 만동부락
김성식 장로의 집에 모인 13명으로부터 시작됐다"*

제내교회는 1900년에 완주군 봉동읍 제내리 만동마을에서 13명이 모여 예배를 드리며 출발했다. 1903년 4월 초가삼간을 건축해 예배당을 갖게 되었으며 1904년 미국 캐롤라이나 출신인 마로덕 선교사가 초대 담임목사를 지냈다. 제내교회에도 순교자의 발자취가 남아있다. 1950년 6. 25전쟁 당시 김상천 장로와 김현경 장로가 순교 당하고 황해주 장로는 총알 관통상을 입었다. 교회 입구에 순교자기념비가 서 있다.

순교기념비

126 하리교회

완주군 삼례읍 용와로 58　https://harichurch.modoo.at

하리교회

*"목자가 양떼를
버리고 어디로
가느냐?"*

임광호 전도사 순교기념비

하리성결교회를 설립한 임광호 전도사는 황해도에서 1923년 3월 15일 출생하고 의사인 아버지와 전도사인 어머니의 뒷바침으로 만주에서 신학을 공부했고 목회를 하던 중 38선 이북은 무신론적 유물사관의 공산당 김일성의 집권으로 신앙의 자유를 찾아 월남했다. 영력과 열정으로 교회는 부흥을 하던 중 지역 공산당들의 핍박에 부딪히게 된다.

본래 상례읍 와리는 1920년대부터 일본인 농장주와 소작인 한국 농민간에 쟁의를 일삼았고 이를 틈타 공산주의자들이 개입하여 지역공산당원들이 많은 곳이어서 남한의 모스크바라고 이북방송에서 언급할 만큼 공산당 활동이 활발했고 해방후 1948년 2월에는 대한민국 정부수립을 반대하는 집회에 8천명이 모일 정도였다. 임광호 전도사는 하리로 와서 삼례성결교회(조석우 목사)의 후원을 받아 하리교회를 설립 부흥하여 예배당을 건축하던중 6.25 전쟁이 일어났다.

피난할 것을 권유했으나 임전도사와 성도들은 "목자가 양떼를 버리고 어디로 가느냐?"거절한 후 상량식 예배전인 7월 10일 공산당 남침으로 힘을 얻은 지역 공산당들에게 납치당하고 오히려 그들에게 복음을 전하다가 월산리 바위 아래서 순교했다.

127 전주 서문교회

전주시 완산구 전주천동로 220 http://www.i-seomoon.or.kr

전주 서문교회 창립 100주년 기념비

전주 서문교회

호남 최초의 교회인 서문교회의 종각

"1893년 미국 남장로 교회 선교회 레이놀즈(William D. Reynolds) 선교사의
파송을 받은 정해원(鄭海元)이 설립한 호남 지역 최초의 교회이다"

전주서문교회는 1893년 6월 미국 남장로교 선교회 소속의 레이놀즈 선교사의 파송을 받은 정해원 씨가 완산 밑 은송리 초가 1동을 마련하고 예배당을 설립했다. 미국 남장로교는 전주지역에 선교부를 설치하려고 하였지만 반대가 심해 정해원 씨를 파송하여 전초기지를 마련했던 것이다. 1897년 7월, 5명에게 처음 세례를 베풀었다. 1905년 9월에는 서문 밖 현 위치로 옮겨 780평의 땅을 구입하고 건평 50평의 벽돌 기와지붕 예배당을 건축했다. 1908년 8월 김필수 씨를 장로로 장립하므로 당회가 조직되었다. 같은 해 12월에는 전북 여러 지역을 다니며 선교하다 별세한 전킨 선교사를 기념하는 종각을 세웠다. 1920년대에 들어서서는 여자야학회, 전주 유치원, 숭덕성경학교 등을 개설하여 인재를 키우는 일에도 앞장서기도 했다.

128 전주기독교근대역사기념관

전주시 완산구 서원로 382

"하나님이 조선으로 보내다"로 시작되는 미국남장로교 소속 7인 선발대 선교사들

전북 전주시 완산구 중화산동에 위치한 이 기념관을 찾아가는 길에 들어서면 전주예수병원을 위시하여 널리 자리잡고 있는 성역들이 하나님의 인도하심과 미국선교사들의 영적 선견지명들이 순례자들을 감동, 감격으로 압도한다. "하나님이 조선으로 보내다"로 시작되는 미국남장로교 소속 7인 선발대 선교사들에 의해 전주선교의 첫문을 연 이후 오늘에 이르는 호남의 첫 선교지의 역사적 기록과 유물들을 전시하고 있는데,
"전주에 호남의 첫 선교지를 마련하다"
"은송리 예배당, 첫 세례가 이루어지다"
"복음, 의료, 교육으로 기독교를 전파하다"
"기독교가 세상을 변화시키다"
"전주 선교지 선교사를 기억하다" 등
여섯개의 주제로 정리했고 그외 주요사건들

도 전시는 물론 애니메이션들으로 실감나게 구현함으로 더 깊은 감동으로 옛 선교사들의 발자취에 동행케하고 추모함으로 세계선교의 사명감을 주고 있다. 이 기념관에서는 예수병원의학박물관을 〈구바울기념박물관〉으로 새롭게 단장한 의료선교의 장을 볼 수 있으며, 4층 70석 규모의 다목적 강당은 예배, 강의, 세미나 등으로 활용되고 있다.

오륜까지 배우며 한국 선교 기틀 다진 7인의 미국인

전주기독교근대역사기념관

129 전주 예수병원

전주시 완산구 서원로 365 http://www.jesushospital.com

전주 예수병원은 1898년 미국 남장로교 여선교사 M. 잉골드가 여성을 상대로 외래진료소를 개원하면서 시작되었다. 예수 그리스도의 이름으로 의료사업 및 전도사업을 행함으로 그리스도의 증인이 될 것을 목적으로 시작한 것이다. 1949년부터 의사를 양성하기 시작하였고, 1950년에는 간호학교를 설립하여 많은 간호사를 배출하였다. 1971년 재단법인 예수병원 유지재단을 설립하고 병원(253병상)을 신축하였다. 1982년 오지지역 주민을 위한 부설 의원인 고산분원(10병상)을 설립, 의료 취약지역의 의료사업과 무의촌지역에 부설 의원을 설치하는 등 지역사회 보건사업에 힘썼다. 또한 극빈 환자의 치료와 직업재활 훈련도 실시하고 있다. 특히 1985년에 방사선치료센터를 설치하여 암환자 치료에 적극 힘쓰고 있다.

*"국민의 건강 및 복리에 기여하기 위하여 예수 그리스도의 이름으로
의료사업 및 전도사업을 함으로써 예수 그리스도의 증인이 됨을 목적"*

전주 예수병원

130 전주 기전여자중 · 고등학교

전주시 완산구 유연로 133　http://school.jbedu.kr/kijun

전주 기전여자중,고등학교

"1900년 미국 남장로교 최마태(Mattie Tate) 선교사가
여학생 6명을 교육하기 시작한 것이 학교의 모태이다"

전주기전여자중학교는 1900년 4월 24일 미국 남장로교에서 파송한 테이트 선교사에 의해 설립되었다. 일제치하에서도 독립정신을 지켰으며, 신사참배 강요를 단호하게 거부하다가 1937년 10월 5일 자진 폐교하기도 하였다. 1945년 해방과 더불어 1946년 11월 26일 복교하여 경천(敬天), 순결(純潔), 애인(愛人)을 교훈으로 하나님의 말씀에 순종하는 착하고 선한 인격을 함양하며, 이웃을 사랑하고 국가를 위해 봉사할 인물을 양성하는데, 심혈을 기울이고 있다. 전주기전여자중학교는 학교법인 호남기독학원에 소속되어 있는데 모두 11개의 학교가 있다. 전주기전여자 중·고등학교, 전주신흥중·고등학교, 광주수피아여자중·고등학교, 순천매산중·고등학교, 순천매산여자고등학교, 목포정명여자중·고등학교이다.

131 전주 신흥고등학교

전주시 완산구 서원로 399   http://jsh.hs.kr

"3.13 만세운동"은 지역 인사들과 함께 신흥학교 학생들이
주도적인 역할을 하며, 만세운동을 이끌었다

전주신흥고등학교는 한국교회가 지금도 사용하고 있는 개역성경의 대부분을 번역한 레이놀즈 선교사에 의해 1900년 9월 9일 설립되었다. 레이놀즈 선교사는 미국 남장로교 선교사로 내한하여 전주에서 활동하던 중 전주신흥고등학교를 설립하였다. 교훈은 지(진리를 추구하고), 인(사랑을 실천하고), 용(정의를 실현한다)이다. 전주신흥고등학교는 3. 1운동 당시 독립운동에도 앞장섰고, 신사참배반대운동에도 적극적이었다. 일제가 집요하게 신사참배를 강요하자 스스로 폐교하기에 이르렀다. 그것은 신앙의 가르침 때문이다.

전주 신흥고등학교 정문에 세워져 있는
전주 3·1운동기념비

132 리차드슨기념관

전주시 완산구 서원로 399   http://jsh.hs.kr

전주신흥고등학교 안에 있는 건물. 1900년에 설립된 신흥학교는 한강 이남지역 최초의 근대교육시설로 1937년 신사참배 강요에 맞서 학교를 자진 폐교하는 아픈 역사를 겪기도 하였을 뿐만 아니라 제주도를 포함한 호남지역의 기독교 선교에 지대한 공헌을 한 학교이다. 1936년 리차드슨 여사의 기증을 받아 건립된 강당 겸 체육관 건물과 1982년 화재로 소실되고 남은 본관 건물의 현관이 문화재로 등록되었다. 리차드슨기념관은 미국 남장로교 선교회의 호남지역 선교역사를 보여주는 상징적 의미의 건축물로 근대교육사, 건축사, 기독교사, 향토사적 가치가 있다.

"포치만 남은 전주신흥학교 리차드슨관"

전주신흥고등학교 전경

국가등록문화재 제172호 '전주 신흥고등학교 강당 및 포치' 중 강당 전경

전주 3·1운동기념비 너머 붉은 벽돌로 지은 강당과 본관

133 대창교회

김제시 죽산면 대창로 487

전북 김제시 죽산면에 120년의 순전한 신앙 전통을 이어 오는 대창교회는 한국 기독교회의 자부심이다. 대창리에서는 어느 집 문을 두드려도 기독 성도들을 만날 수 있다.

대창리가 예수마을이 된 것은 120여 년 전 미국 남장로교 군산선교부 전킨(영어 이름) 선교사가 복음을 전한 때부터이다. 대창리의 이순명, 이기선, 최학성, 최학삼, 최윤중 등 다섯 명이 입창리교회에 출석하던중 신앙과 의기의 구심점인 교회를 대창리에 설립하기로 하고 최윤중 씨 집 4칸을 빌려서 1903년 4월 10일 이기선 전도인을 초청하여 목요기도회를 모임으로 시작된다.

대창교회는 전북의 첫 자생교회로 1906년 축첩 갑부인 임덕윤의 회심으로 부흥의 기폭제가 되었으며, 일제 때는 최학삼 목사가 친일파 이완용과 대결하여 승리하고 6·25때는 피난을 거절하고 교회를 사수하다 순교한 안덕윤 목사 등 수많은 순교자의 피가 바탕이 되었다. 대창교회 성도들에게는 정통신앙의 정체성이 확고했고 순교자들의 후예라는 엄숙한 자존감으로 교회는 더욱 든든히 서 갔고 1903년 교회 설립 때부터의 역사 기록들과 철제 종탑 등 유적들은 한국교회사의 귀중한 사적으로 전승되고 있다.

정금 같이 순전한 신앙전통은 우리의 자부심

대창교회

순교비

134 금산교회

김제시 모악로 407

데이트선교사와 조덕삼장로가 세운 ㄱ자 예배당

내부 / 금산교회 전시관

*"초창기 기독교 정서가
고스란히 남아 있는 금산교회"*

이자익 목사, 조덕삼 장로, 최의덕 선교사

전북 김제 모악산 기슭에 자리한 금산교회는 신도가 100여 명 남짓한 작은 교회지만, 100년 전 지어진 원형 그대로 잘 보존돼 있어 역사적 가치를 지니고 있다. 금산교회는 한국교회 초기예배당의 'ㄱ'자 모습을 그대로 보존하고 있다. 남녀가 유별했던 시대의 모습을 간직하고 있는 것이다. 금산교회에 가면 당시에 사용하던 풍금뿐만 아니라 상량, 대들보, 마루 등 그 골격이 100년 동안 조금도 손상 없이 잘 보존돼 있으며, 당시 목사님들이 강단에 들어설 때 머리를 숙이고 들어오는 '쪽문'을 볼 수 있다. 금산교회에 가면 반드시 조덕삼 장로와 이자익 목사의 이야기를 들어야 한다.

조덕삼의 마방에서 마부로 일하던 이자익이 금산교회 초대장로로 피택되자 조덕삼은 이자익을 교회 지도자로 모셨다. 후에는 신학공부를 할 수 있도록 도와주어 목사안수를 받자 금산교회 목사로 청빙하기도 했다. 이자익 목사가 3번씩이나 총회장으로 뽑히기도 했던 바탕에는 조덕삼 장로의 헌신이 있었기 때문이다.

135 두암교회

정읍시 소성면 보애길 319-5

두암교회는 일제시대에 설립된 교회이나 정확한 설립 연대는 아직 알려지지 않고 있다. 그럼에도 우리가 이 교회를 찾아가는 이유는 순교자들의 피가 있기 때문이다. 두암교회는 아들 김용은의 전도로 예수를 믿게 된 윤임례 집사가 중심에 있었다. 처음에는 동리에 교회가 없어 십오리를 걸어 이웃 마을의 교회에 출석하다 해방이 되면서 성도들이 힘을 합해 두암리에 두암교회를 세웠다. 윤임례 집사의 헌신적인 사역으로 당시 두암마을 31가구 모두가 예수에 관심을 갖는 등, 예수 믿는 마을로 변화돼 갔다. 1950년 한국전쟁으로 인해 공산군이 정읍에 진주하게 됐고, 김용은 전도사가 평안도 출신 임동선 전도사를 초청해 부흥집회를 가졌던 것을 빌미로 윤 집사의 가족을 반동분자로 몰며 예배중지령까지 내렸다. 교회를 지켜내려는 성도들과 공산군 사이에 접전은 그 해 10월 19일 윤임례 집사를 비롯한 23명의 순교로 막을 내렸다. 그 순교의 피는 두암교회의 귀한 밑거름으로 작용했다. 윤 집사의 아들 김용은 목사와 故 김용칠 목사 형제를 비롯해 20여 명의 목회자가 배출되었다. 순교의 흔적인 옛 교회 터와 순교지는 텃밭으로 변했지만, 1966년에 불탄 교회를 재건하면서 23인 순교자 합장묘를 만들고, 1977년에는 순교정신을 기리기 위한 23인 순교비를 세웠다. 현재는 매년 10월 중순에 순교자 합동추모예배를 드리고 있다.

"6.25 전쟁과 공산군이
교회를 몰살시켰다"

순교기념비

두암교회

23인 순교자 합장묘

136 지리산 선교사유적지

구례군 토지면 반곡길 42-237

지리산 노고단 선교사 수양관

"선교사들은 한국적 풍토에 적응하기 위해, 수인성 질병이 발생하는 7-8월 동안 한시적으로 이곳으로 피신하여 성경번역하며 영적 충전뿐만 아니라 육체적 건강관리를 하였다"

위치 - 지리산 노고단.
지리산에는 선교사 유적지가 두 곳에 산재해 있다. 노고단과 왕시루봉이다. 지금은 폐허처럼 변했지만 복음전파의 소명 하나로 목숨을 걸고 낯선 이국땅을 찾았던 선교사들의 숨결이 남겨진 곳이다. 이곳은 1920년 미국 남장로교 선교사들을 주축으로 총 50여 채의 선교사 수양관이 세워 졌다. 당시 선교사들은 질병의 위험에 노출되어 있었다. 한국 풍토에서 선교사들은 각종 풍토병과 수인성 질병으로 고통을 겪었으며, 이로 인해 34명의 선교사들이 사망했다. 선교사들은 한국적 풍토에 적응하기 위해, 수인성 질병이 발생하는 7~8월 동안 한시적으로 이곳으로 피신하여 이곳에서 성경번역, 공과번역 등 영적 충전뿐만 아니라 육체적 건강관리를 하였다. 레이놀즈 선교사가 성경번역한 곳도 이곳이다. 하지만 선교사들의 피와 땀의 흔적이 있는 노고단 수양관 앞에는 이곳이 별장이며 자연을 훼손시키고 있다는 안내문이 박혀 있고, 만약 문화재로 되지 않는다면 모든 선교 유적지는 흔적들마저 사라질 절박한 상황에 놓여 있다. 순례자들의 기도가 필요하다.

지리산 왕시루봉 선교사 유적지

137 광주 양림동산(양림동선교사묘지)

광주광역시 남구 제중로 77 https://www2.htus.ac.kr

광주 양림동 108번지에 위치한 호남신학 대학교 동산에는 1895년 한국에 와 목포, 광주에 선교부를 세우고 30간 한국의 복음화를 위해 살다가 주님의 품에 안긴 벨(Eugene Bell, 배유지) 목사의 묘를 위 시한 선교사들과 그들의 아내와 자녀 등 22명의 묘가 있다. 1979년 호남지방의 선교를 감당하던 미국 남장로교 선교사들이 한국교회가 자립의 단계로 들어섰기에 더 이상 한국에서의 선교가 의미없다고 여기고 철수하기 전에 각지에 흩어져 있던 선교사들의 묘를 효과적으로 관리하기 위해 목포(4기)와 순천(7기)에 있던 묘를 이곳으로 모셔 오면서 조성된 묘역이다.

"양림동산을 무대로 사랑과 헌신의 삶을 살다 간 이들이 안식하는 선교사묘원"

양림동산을 무대로 사랑과 헌신의 삶을 살다 간 이들이 안식하는 선교사묘원

138 호남신학대학교

광주광역시 남구 제중로 77 https://www2.htus.ac.kr

호남신학대학교

*"1955년, 미국 남장로교
한국선교회가 수업 연한
3년의 호남성경학원으로 개교,
1963년 호남신학교로
명칭을 변경하였다"*

호남신학대학교 정문

호남신학대학교는 1955년에 설립되었다. 미국 남장로교 한국선교회에 의해 호남지역의 농어촌교회 교역자를 양성을 위해 설립되었다. 이후 광주권에 개설된 호남성경학교는 농촌 교역자를 위한 고등교육 기관의 필요성에 따라 1961년 호남성경학원, 광주 야간신학교 그리고 순천 매산신학교 등 세 학교가 통합되어 호남신학원으로 발전되었다. 그 후 1963년에 호남신학교로 개칭되고, 1984년 상급학교 입학에 있어 4년제 대학을 졸업한 자와 동등한 학력이 인정되는 학교가 되었다.

1988년에는 교회음악과를 증설하고 1990년에는 4년제 대학, 1992년에는 대학교가 되었으며, 1995년에는 신학대학원 인가, 1996년과 1997년에는 대학원 증과가 이루어져 오늘에 이르렀다. 호남신학대학교에 가면 선교사 묘역인 양림동산과 선교사들의 사택 등 다양한 선교 발자취를 살펴볼 수 있다.

139 삼도교회

광주광역시 광산구 신광길 38

전북지역에 선교부를 두었던 미국남장로회는 1896년 전남지역으로 남진하기를 결의하고 당시 전남의 중심인 나주에 터를 잡았으나 그 지역 유생들의 방화, 살인들의 협박 속에 철수하고 1898년에 목포 양동교회를 설립했다. 한편 나주선교부가 철수한 뒤 유진벨 선교사에게 복음을 받아 신앙생활하던 이문오 성도와 교인들은 이문오가 운영하던 술집을 예배처로 삼도교회를 설립하였으니 1897년 1월 5일 첫 자생교회의 탄생이었다 (예장(합동) 한국기독교역사사적지 제13호로 지정) 특히 삼도교회는 신앙과 함께 지역사회교육을 위해 힘썼다. 1912년 6년제 광명의숙 설립, 신앙교육과 함께 항일교육으로 신사참배를 하지 않았다. 한국전쟁 때는 인민군들의 핍박이 심했다. 예배당을 사무실로 사용은 물론 두 분의 순교자와 죽어도 교회에서 죽겠다던 일곱 분의 산 순교자를 기념하는 비를 세웠으며 역사보존에도 힘써 학생들의 교재였던 사도행전주석(1910), 천로역정(1910), 성경도리(1916), 오륜행실활요(1922), 에스더주석(1935), 1916부터 기록한 당회록 등 귀중한 자료들이 남아있으나 교회 역사적 사진들은 이웃 교회에서 공산당들이 사진을 보고 성도들을 찾아내서 총살한 일 때문에 모두 불태웠다는 안타까운 사연이 있다.

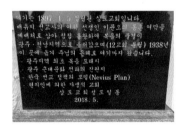

*"술집을 예배처로
삼도교회가
설립되었다"*

광주지역 첫 자생 삼도교회

140 우일선 선교사 사택

광주광역시 남구 제중로 47번지 20

우일선 선교사 사택

"이 곳은 미국인 선교사 우일선Robert M. Willson에
의해 1920년대에 지어졌다고 전해지며
광주에 남아있는 가장 오래된 서양식 주택이다"

우일선 선교사 사택은 양림동 양림산 기슭에 동향 2층 벽돌 건물이다. 이 건물은 미국인 선교사 우일선(미국 이름은 Wilson)이 1920년대에 지었다고 하는데 정확한 건립 연대는 알 수 없다. 그러나 광주에 현존하는 서양식 주택 건물로는 가장 오래된 건물이다. 이 건물의 평면은 정사각형으로 1층은 거실, 가족실, 다용도실, 부엌, 욕실이 있고, 2층은 사생활 공간으로 침실을 두었다. 지하층은 창고와 보일러실이다. 현관이 동향인 점은 한국의 전통적 방위 개념을 받아들여 현관을 동향으로 하였다. 크기는 정면 10.6m이다. 구조는 다음과 같다. 벽은 두께 55mm의 회색 벽돌로 네덜란드식으로 쌓았으며, 내부는 회반죽으로 마감을 하고 고막이 부분에는 화강석을 쌓았다. 개구부(開口部)는 반원형의 아치로 만들었고 창대 부분은 벽돌 마구리 세워쌓기를 하였다. 창문 외부는 열개창, 내부는 오르내리창의 이중창으로 구성하였다. 1층과 2층을 구별하기 위하여 벽돌로 돌림띠를 두었다. 정면 현관을 약 40cm 두께로 쌓아가다가 2층 바닥부분에서 4켜 내쌓기로 주두를 만들어 단조로움을 없앴다. 현재는 사용하지 않고 있으나 한국 근대 건축의 흐름을 이해하는 데 도움이 되는 귀중한 자료이다. 1989년 3월 20일 광주광역시 기념물 제15호로 지정되었다.

141 광주 양림교회

광주광역시 남구 백서로70번길 2

광주양림교회는 1912년에 설립되었다. 미국 남장로교 선교사로 전라도지역에 와 활동하던 배유지(Bell) 목사와 오웬(Owen) 의사가 변창연(조사) 김윤수(교우)와 함께 목포로부터 양림리에 도착하여 거처를 정하고 열심히 전도한 결과 최흥종, 배경수 등을 전도하여 처음엔 사랑채에서 예배드리다가 신도가 점차 증가됨에 따라 북문 안에 예배당을 건축하고 후에 최흥종, 배윤수 두 사람을 장로로 장립하여 당회가 조직되었고 교인은 점점 증가하였다. 계속 선교사가 시무하다가 1918년 한국인으로서는 최초로 이기풍 목사가 부임하게 되었다. 1919년 8월경, 3. 1운동 후 일제의 탄압정책으로 인하여 교회를 강제몰수 당하게 되자, 양림동 소재 기념각으로 교회를 옮기고 그 해 가을 남문 밖 부근에 건물을 신축하고 이전하였다. 현재는 '양림교회'라는 이름을 통합측 · 기장측 · 합동측 세 교단이 사용하고 있다.

"조선과 조선의 한센씨 병 환자들을 사랑한 오웬"

통합 https://yangrim.org/

합동 http://www.yangrim.net/

기장

오웬기념관

박석현 목사 순교비

142 오방 최흥종기념관

광주광역시 남구 제중로 64 http://www.obangmuseum.or.kr

*한 평생을 한센병
(나병)퇴치와 빈민
구제, 독립운동,
선교활동,
교육활동등에
헌신하는 삶을
살았다. 광주의
정신적 지주이자
근대 광주의
아버지로
기억되고 있다.*

최흥종(1880-1966)은 광주를 중심한 호남지역 개화의 선구자로 광주 YMCA를 창설하여 사회문화운동을 이끌었으며 3 · 1 독립운동을 하다가 투옥되기도 하였으며 독립단체인 신간회 광주지회장을 역임하였다. 최흥종은 '명예욕, 물질욕, 성욕, 식욕, 종교적 독선' 등 5가지 욕심을 버린다는 뜻에서 자신의 아호를 '오방'이라고 지었다.

'오방'은 목사로서 광주 북문밖교회(현 광주중앙교회)를 개척, 신사참배반대운동에 주력하였다. '작은 자'를 섬기라는 예수님의 교훈을 따라서 가난하고 어린 자들을 위하여 평생을 자신을 낮추며 특히 1909년부터는 서서평, 윌슨 선교사들과 함께 비참한 한센씨병 환자들을 돌보는 사역에 진력하였다.

오방이 별세하자 광주뿐 아니라 전국에서 한센씨 병환자, 결핵환자, 걸인 등 수백명이 몰려와서 "아버지가 가시면 누가 우리를 돌봐줍니까?" 울면서 오방의 상여를 메었다는 전설적인 사회사업가로 전해진다.

오방 최흥종기념관

143 광주수피아여고/ 숭일고

수피아여고 : 광주광역시 남구 백서로 13 http://www.speer.hs.kr
숭일고 : 광주광역시 북구 모룡대길 40 http://soongil.gen.hs.kr

광주 수피아여자고등학교

수피아 홀 등록문화재 158호

역사의 별이 되어 (수피아 애국
지사 23인을 추모하여)

"미국의 스턴스 여사가 세상을 떠난 동생 제니 수피아(Jennie Speer)를 기념하기 위하여 5,000불을 희사하여 그 기금으로 회색 벽돌로 된 3층 건물인 교사(Speer Hall)가 준공되다. 이때부터 교명을 수피아여학교(Jennie Speer Memorial School for Girls)라고 부르게 되다"

광주 숭일 중,고등학교

광주숭일고와 광주수피아여고는 1908년 미국 남장로교 배유지(Eugene Bell) 선교사에 의해 설립되었다. 남학교는 배유지 선교사가 초대 교장이었으며, 여학교 초대 교장으로는 엄언라(Miss Ella Graham) 선교사가 취임했다. 1911년 미국의 스턴스 여사가 세상을 떠난 제니 스피아(Jennie Speer)를 기념하기 위하여 5,000불을 희사하여 그 기금으로 회색 벽돌로 된 3층 건물인 교사(Speer Hall)가 준공되었다. 이때부터 교명을 '수피아여학교'(Jennie Speer Memorial School for Girls)라고 부르게 되었

다. 1919년 3월 19일에는 전교생이 독립운동에 참가하여 교사 2명과 학생 21명 등 23명이 투옥되어 옥고를 치르기도 했다. 1929년 11월 1일에는 광주학생 독립운동에 참가하기도 했으며 1937년에는 일제가 강요하는 신사참배를 거부하고 폐교당하는 아픔을 겪기도 했다. 광주 숭일고는 광주지방 3.1운동에 앞장 섰으며 이 일로 많은 학생과 교사가 투옥되었으며, 전문부 송광준은 대구형무소에서 옥사하였다.

144 광주제일교회

광주광역시 서구 상무공원로 56 http://www.first.or.kr

광주제일교회는 1904년 12월 25일 광주 양림동 벨 선교사 주택에서 오웬 선교사 가족과 한국인들이 첫 예배를 드림으로 시작되었다. 전남 내륙지방 선교의 거점이었던 광주제일교회는 그 후 교인이 증가하자 북문 안으로 이동하여 예배를 드렸다. 1909년 4월 오웬 선교사는 장흥의 한 시골에서 선교활동 중 갑자기 고열로 쓰러져 급거 광주에 도착하였으나 숨을 거두고 말았다. 그의 시신은 양림동 선교사 묘지에 안장됐다. 광주제일교회는 1919년 3월 1일 독립운동을 주동했던 관계로 교회를 일제에 내어주고 금동으로 이동하면서 금정교회라 불렀다. 계속 교인이 증가하자 1922년 북문밖교회(광주중앙교회)와 1924년 양림교회로 각각 분립했다. 광주 3·1운동은 재일유학생 최원순, 정광호 등이 귀국하여 광주에서 최흥종, 김철 등을 만나 일본 동경 2·8독립운동에 대해 자세히 설명하고 광주에서 거사 준비에 임하였다. 이들은 금정교회 장로이며 숭일학교 학감인 남궁혁 가정에 모여 인원 동원, 독립선언서, 태극기 등을 분담하여 준비한 후 3월 10일 금정교회

교인을 비롯해서 숭일학교, 수피아 여학교, 일반 시민 1천여 명이 모여 만세를 불렀다.

"광주 지역 최초로 설립된 교회에 뿌리를 둔 역사 깊은 교회로 광주 근현대 역사와 함께 성장했으며 광주 개신교에서 중요한 역할을 수행해 왔다"

교회창립100주년 기념비

광주의 모교회 광주제일교회 이전비

광주제일교회

145 남평교회

나주시 남평읍 남평2로 32-7

1900년에 설립된 나주 남평교회는 격동의 고비마다 진리를 사수하며 보수 신앙의 중심을 지켜온 교회로 미국 남장로교 선교사들이 호남지역을 복음화하는데 훌륭한 활동기반이 되어 주었다. 일제시대에 강요된 신사참배를 1938년 장로교 총회가 신사참배를 결의하였으나 남평교회(강순명 목사)는 반대노선을 견지하면서 1942년 일본기독교조선교단 결성되자 동교단 광주교구의 탈퇴를 선언함으로 교회는 폐쇄당하고 예배는 중단되고 목회자는 피신하는 고통속에서도 굴복하지 않았다. 아이러니칼 하게도 일본인 모리 여사에 의해 다시 교회당문이 열렸고 해방후 전

남노회로 복귀하여 오늘에 이른다.

무엇보다 중요한 일은 인본주의적 자유주의 신학이 물결처럼 한국교회에 들어오기 시작하는 때에 김재준의 '성경유오설, 동정녀 탄생 부인, 예수 부활 부인' 등 강의에 대하여 1947년 제33회 총회에 제출한 51인 신앙동지회의 진정서 사건의 중심인 한국복음주의협회가 박형룡 목사를 중심으로 보수신앙노선에 선 신학생들과 함께 1953년 7월 24일 남평교회에서 조직된 일이다.

남평교회를 순례하는 성도들은 예배당 입구에서 첫 눈에 들오는 돌비석을 보면서 진리 보수의 신앙정신을 소중히 간직하자.

"보수 신학의 요람 전통 지켜와"

남평교회당

교회 설립 105주년 기념석

146 염산교회

영광군 염산면 향화로5길 34-30

염산교회

기독교인 순교탑

"순교자의 피는 교회의 씨앗이니라"
(터툴리안)

염산교회 합장묘

설도포구 수문

영광에 위치한 염산교회는 공산주의자들에 의해 죽임을 당한 순교자들의 교회이다. 1939년에 세워진 염산교회는 한국전쟁 때 국군이 영광에 진군해 들어왔을 때 미처 퇴각하지 못한 공산주의자들이 예배당을 불 지르고 교인을 바닷가 수문통에서 새끼줄로 묶고 돌멩이를 달아서 수장시키는 참상이 벌어졌다.

이때 전교인의 4분의 3인 77명이 순교했다. 일제 치하에서는 계량학교를 설립하여 문맹퇴치운동을 벌이고, 신사참배를 거부하다 예배당 종을 빼앗기는 박해를 당하기도 했다. 공산군은 김방호 담임목사와 7명의 가족을 한 줄로 세워놓고 몽둥이를 주면서 아들이 아버지를 치라고 협박하였다. 당연히 칠 수가 없는 일이다. 그러자 그들은 군화발로 차고 짓누르면서 가족들이 보는 눈앞에서 김목사를 창과 몽둥이로 때려죽이고 말았다. 이어서 김 목사 사모를 그리고 또 다섯 아들과 8세와 5세 손자를 차례로 죽였다. 1997년부터 순교기념사업을 추진하여 2,000여 평의 교회 부지를 마련하고 순교공원을 조성, 순교자료 전시관과 순교 교육관을 개관하여 200여 점의 자료 및 유물을 전시해 놓고 있으며, 77인의 순교비를 완공하여 교회 앞에 세워 두었다. 또한 '77인의 순교사' 책자와 DVD를 제작해 이들의 역사적 사실들을 기록해 두고 있다.

147 야월교회

영광군 염산면 철산로 565

기독교인 순교기념관

*"야월교회
순교 이후
'교회'란 단어는
주민들에게
'죽음'을
의미했다"*

야월교회는 배유지(유진 벨) 선교사에 의해 1908년에 설립되었다. 야월교회는 일제의 신사참배 강요에 항거해 문을 닫고 각 교인들은 가정에서 예배를 드리다가 해방을 맞이했다. 해방과 더불어 곧 재건된 야월교회는 조양현, 허숙일 두 영수가 교회 강단을 지켜왔다. 비록 작은 교회였지만 초대 교회처럼 사랑이 넘치는 교회로 소문 나 있었다. 그러나 한국전쟁이 일어나면서 큰 소용돌이에 휘말리고 말았다. 인민군과 함께 들어온 내무서원은 야월교회를 접수하고 인민위원회 사무실로 사용했다. 이때도 교인들은 가정으로 뿔뿔이 헤어져서 각각 예배를 드리고 있었다. 야월교회 교인들의 이러한 소식을 들었던 인민위원회 위원장을 비롯한 마을의 좌익 청년들은 밤에 몰래 모여서 예배하는 이들을 색출해 어른 아이를 가리지 않고 교회로 모이게 했다. 모든 교인을 불러 모았다는 보고를 받은 내무서원의 명령에 따라 인민위원회 위원들은 교인들이 모인 교회에 불을 지르고 말았다.

그 후 야월교회는 많은 어려움을 겪기도 했지만 2006년 6월 전국 교회의 헌금과 영광군청의 지원으로 연건평 2백50평 규모의 '기독교인 순교기념관'을 건립했다. 신앙 선배들이 한국전쟁 당시 흘렸던 '순교의 피'가 결코 헛되지 않았음을 보여주고 있다.

야월교회

148 해제중앙교회

무안군 해제면 봉대로 37-6

해제중앙교회는 1932년 배윤화 씨 집에서 '양간다리기도처'로 시작되었다. 이후 '양매교회'로 이름을 바꾸기도 했으나 현재는 '해제중앙교회'라는 이름을 사용하고 있다. 목포와 무안지역에 처음으로 복음을 전한 선교사는 이눌서(W. D. Reynolds)와 유대모(A. D. Drew)였다. 특히 이눌서 선교사는 개역성경의 대부분을 번역하거나 편찬한 인물로 한국교회가 지금도 사랑하고 있는 개역성경이 있게 한 인물이다. 목포와 무안지역에 복음을 전하면서 여름철이면 지리산에 올라 성경번역 작업에 몰두하기도 했다. 6. 25 전쟁 당시 해제중앙교회는 많은 시련을 겪으며 순교자를 배출한 곳이다. 이때 김대업 전도사, 임인재 장로, 황인경, 김판업, 홍순용 집사들은 배교를 강요하는 저들에게 끝까지 신앙으로 맞서다 결국 순교의 길을 걷게 되었다.

"한국전쟁 당시
그를 포함한 무안해제중앙교회 5명의 성도가
인민재판을 받고 총살을 당했습니다"

해제중앙교회

순교비

149 용학교회

무안군 해제면 현해로 1457-10

용학교회

"전통 한옥으로 건축된 아름다운 교회이다"

용학교회는 본래 기룡동에서 안성조 장로에 의해 설립된 교회이다. 현재의 자리로는 1960년대 말에 이전되었으며 전통 한옥으로 건축된 아름다운 교회이다. 용학교회는 6. 25 당시 안성조 장로를 비롯하여 16명이나 공산당에 의해 죽임을 당한 순교자 교회이다. 용학교회는 한국기독교장로회에 속해 있으며 지역사회에 영향을 주는 교회로 자리매김하고 있다.

순교추모비

150 문준경전도사 순교기념관

신안군 증도면 문준경길 234 http://www.mjk1004.org

문준경 전도사는 '섬 교회의 어머니', '열정의 전도자'로 불린다. 신안군 섬 일대에 문준경 전도사가 설립한 교회만도 10여 개나 된다. 대학생선교회를 설립한 김준곤 목사, 성결교회 이만신 목사 등이 문준경 전도사의 열매들이다. 문준경 전도사에 의해 세워진 교회 중에는 증동리교회(1933년 9월 설립)가 있다. 문준경 전도사는 1891년 신안군 암태면 수곡리에서 태어나 17살에 시집을 갔으나 남편에게 첫날부터 소박을 맞았다. 이러한 가운데서도 시아버지의 사랑을 받아 견딜 수 있었다. 시아버지로부터 글도 배웠고, 1927년에는 전도부인으로부터 전도를 받아 기독교인이 되었다. 사역자가 되기 위해 경성 성서학원에 지원했으나 결혼했다는 이유로 입학이 거절되어 청강생으로 공부하는 가운데 정규학생으로 받아들여졌다. 신학공부를 마치고 고향으로 돌아와 인근지역의 교회를 돌보다 6. 25 때 순교의 길을 걷게 되었다. 문준경 전도사의 발자취를 보려면 증도에 가야 한다.

문준경 전도사

문준경 전도사 순교지

"문준경, 새끼 많이 깐 씨암탉!"

증동리교회

문준경 전도사 순교기념관

151 지도봉리장로교회

신안군 지도읍 봉리길 765

"국내 최초로 금연지역으로
선포된 곳이다"
"신안은 3무의 고장이라고 한다.
점집(무당)이 없고, 술집이 없고,
풍어제가 없다고 한다"

봉리교회

문준경 전도사에게 복음을 들어 예수를 믿게 된 김준곤 목사의 모 교회. 1950년 10월 김준곤 목사의 아내와 딸, 부친이 공산당의 손에 순교당함. 봉리교회당 옆에는 김준곤 목사의 아버지의 묘와 어머니 김통안 권사의 묘와 6·25전쟁 때 공산당에 의해 순교한 김준곤 목사의 전처 인정진 사모의 묘가 있다. 김통안 권사는 김준곤 목사의 전도로 예수를 믿었으며 봉리교회 제1호 권사가 되었다.

152 목포 정명여고

목포시 삼일로 45 http://mpjm.hs.jne.kr

목포정명여자고등학교는 1903년 미국 남장로교에서 설립했다. 1911년 정명여학교로 개칭했다. 1919년 3. 1운동 당시에는 교사와 학생들이 목포 독립운동을 주도하였는가 하면 1921년에도 목포만세사건을 주도하기도 했다. 정명여자고등학교에 가면 선교사 사택과 양관을 볼 수

있다. 또 독립운동 기념비와 이 학교 출신 문인 박화성 기념비가 있다. 1982년 선교사 양관을 수리하던 중 천장에서 3·1운동 당시 광주에서 보낸 것으로 추정되는 '도쿄 2·8 독립선언서'와 '3·1 독립선언서', '조선독립광주신문', '독립가' 등의 유인물이 발견됐다.

"목포 정명여학교
3.1독립운동 중심지"

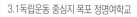
3.1독립운동 중심지 목포 정명여학교

153 목포 양동교회

목포시 호남로 15

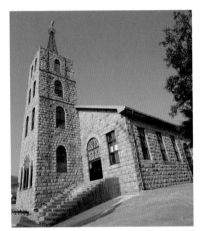

목포 양동교회

*"이 곳은 목포에 복음의 씨가
뿌려진 맨 처음 터"
"박연세 목사는 독립운동가로서
일제에 저항하다가
대구 형무소에서 순교하였다"*

선교백칠년 기념비

1897년 봄 미국 남장로교 소속 유진 벨 선교사와 해리슨 선교사가 나주에서의 선교가 어렵게 되자 목포로 선교지를 이동했다. 유진 벨 선교사와 해리슨 선교사는 목포에 도착한 후 초분 터에 자리를 잡고 목포선교부와 목포 양동교회를 설립했다.

여기에 오원 선교사가 합세하자 목포진료소를 개설했다. 1901년 벨 선교사의 부인 로티 선교사가 전주에서 남매를 두고 죽음을 맞이한다. 양동교회 성도들은 1903년 석조 예배당을 신축하여 로티 선교사의 죽임이 헛되지 않음을 입증했다.

1940년초 일본의 지배가 거세지면서 일본 승리를 기원하는 예배를 드리도록 강요하자 이에 굴하지 않고 양동교회 당회장 박연세 목사는 '약육강식'이란 제목으로 설교를 하자 이것이 문제가 되어 일경에 체포됐다.

재판정에서 재판관의 심문에서 "천황이 높으냐? 하나님이 높으냐?" "예수가 재림하면 천황도 심판을 받느냐?"라는 질문에 "하나님이 높다", "천황도 심판을 받는다."라고 대답했다. 박연세 목사는 천황모독죄로 목포, 광주 형무소를 거쳐 대구형무소에서 1944년 2월 동사했다. 양동교회는 1953년 기장과 예장 분열시 양동교회(기장측), 양동제일교회(예장 통합측) 둘로 분립됐다.

154 목포 양동제일교회

목포시 삼일로 36 yangdong1st.net

선교사가 목포를 처음 답사한 것은 1894년 4월 18일이다. 이눌서(W. D. Reynolds)와 유대모(Drew A. Damer. M. D) 두 선교사였다. 그 후 1896년 2월 11일에 배유지 선교사와 이눌서 선교사가 선교 부지를 매입했다. 양동제일교회는 '목포교회'라는 이름으로 시작되었는데, 설립 일자에 대해서는 두 가지 주장이 있다. 하나는 1897년 설이고 다른 하나는 1898년 설이다. 『목포부사』와 『야소교장로회연감』에는 1897년으로 되어 있고, 『조선예수교장로회 사기』에는 1898년으로 되어 있다. 양동제일교회에서는 1897년 설을 따르고 있다. 양동제일교회는 목포와 인근 지역의 모 교회로 그 사명을 다하고 있다.

목포 양동제일교회

본 교회는 구한말 여명기인 1897년 3월 5일 미국 남장로교 배유지(E.BELL) 선교사와 변창연 조사가 황무지와 같은 남단 목포 양동에 장막을 치고 첫 예배를 드렸으며 이것이 목포교회의 출발이 되었다.

창립 100주년 기념비

155 목포 공생원

목포시 해양대학로 28번길 2 http://jncsw.org/mksw

공생원은 1928년에 기독교정신으로 故 윤치호 전도사가 먹을 것이 없어 거리를 방황하던 7명의 아이들과 같이 생활하면서 시작되었다. 그 후 한국전쟁 때는 윤치호 전도사와 결혼한 일본 여성 윤학자 여사의 희생과 사랑으로 갈 곳 없는 500명의 아이들이 공생원에서 함께 생활했다. 공생원은 말 그대로 '함께 산다'는 뜻이다. 지금까지 약 3,700여 명의 아이들이 이곳에서 자라서 사회의 일원이 되었다. 두 사람은 공생원에서 아이들을 돌보며 예수의 사랑을 일평생 실천했다.

윤 전도사는 일제시대 48차례에 걸쳐 연행·구금·고문을 당할 정도로 민족정신이 투철한 민족주의자이기도 했다. 당시 기독교는 일제탄압에 굴복하여 신사참배를 결정했다. 그러나 그는 신사참배를 거부했다가 경찰에 연행되는 등 고초를 겪었다. 그는 신앙의 진리와 민족정신을 끝내 지킨 보기 드문 인물로 평가받고 있다.

목포 사람들은 김대중 전 대통령, 김지하 시인, 가수 이난영 등을 고향이 배출한 훌륭한 인물로 꼽는다. 또한 이들과 함께 전쟁 고아들을 헌신적으로 돌본 윤치호·윤학자 부부를 목포의 아름다운 인물로 기억하고 있다.

윤치호 윤학자 기념비

예배당

목포 어머니탑

*"목포 공생원의 역사는
95년 역사를 가진, 호남에서
가장 오래된 사회복지시설이며
기독교 성지이다"*

기숙사

156 영암읍교회

영암군 영암읍 서남역로 9-9

영암읍교회

순교비

"오호라
겨레의 어둠의 날
육이오 이십사 성도여
주님 오실 때까지
고이 기다리시라"

순교비

전라도 영암읍교회는 1915년 목포에 머물던 선교사의 파송을 받은 조명선 조사가 영암면 교동리에 기도처를 마련함으로 시작되었다. 1920년 영암면 서남리 127번지 현 경찰서 자리에 처음 예배당을 건축했다. 6. 25전쟁 당시 영암읍교회 성도 24명이 순교했다. 이러한 가운데서도 1951년 영애원을 설립하여 전쟁 고아 40여 명을 돌보기도 했다.

157 **구림교회**

영암군 군서면 동계길 5

*"한 곳에서
18인이 찬송하며
화형당한
영암 구림교회"*

구림교회

영암은 순교의 피로 물들어 있는 곳이다. 6.
25전쟁 당시 영암지역은 장흥 유치지역과 월
출산의 험준한 산세로 인해 공산사상을 가진
빨치산의 중요한 활동거점 중 하나였다. 그
해 10월 4일 영암까지 내려온 공산군은 동
구림리 입구 대로변 초가집에 구림교회 김봉
규 집사를 비롯한 전교인 18명을 묶어 방에
가둔 후, 불을 지름으로 18명 모두가 순교하
였다. 순교 직전까지도 성도들은 찬송을 부
르면서 자신들의 영혼을 하나님께 맡겨 굳건
한 신앙을 보였다고 전한다. 전쟁이 막바지
에 접어들 무렵까지 공산당들은 우익 인사들
과 함께 기독교인들을 붙잡아 가두기도 하고
인민재판을 통해 잔인하게 죽였다. 합동묘와
순절비는 구림고등학교 앞에 세워져 있다.

순교비

158 상월교회

영암군 학산면 상월상리길 42

상월교회

"상월교회는 영암군 내에서도
6·25 전쟁 당시 순교자가 가장 많이 나온 곳이다"

상월교회는 1947년 7월 1일 진성구 성도가 자신의 집을 예배당으로 드림으로 시작된 교회다. 초대 교역자로는 신덕철 전도사가 부임하였다. 상월교회는 6. 25전쟁 당시 출발부터 뜨겁게 기도하고 열심이 있었다. 6. 25 당시에는 영암지역의 다른 교회들처럼 공산당에 의해 엄청난 박해를 받았다. 그럼에도 성도들은 부활에 대한 소망을 가지고 신앙의 절개를 굽히지 않았다. 이들을 핍박한 자들은 북에서 침공한 공산당들뿐만 아니라 그들에게 동조한 지역의 공산주의자들도 있었다. 그들은 25명이나 되는 상월교회 성도들을 총칼과 죽창으로 무참하게 죽였다.

순교 기념비

159 천해교회

영암군 학산면 천해길 24

천해교회

*"순교사적이라는 값진 유산을
충실히 발굴하고 계승하는데
최선을 다하려 한다"*

천해교회는 6. 25전쟁 당시 공산군에 의해 목사 박석현을 비롯
하여 10명이 순교한 교회다. 교회는 지금까지 6. 25전쟁 당시
공산군에 의해 죽임을 당한 사건을 순교 차원에서만 다루고 있
다. 자신의 신앙을 수호하다 죽임을 당한 것을 순교로 여기는 것
이다.

160 독천교회

영암군 학산면 영산로 30-6

6. 25 당시 독천교회 성도 정길성 씨가 순교하였다. 당시 영암에서 88명의 순교자를 배출했는데 순교자의 명단은 다음과 같다.
구림교회: 김정님, 노형식, 장성례 씨와 성도 노병철, 노병현, 최경애, 최기우, 이이순, 김덕경, 김창은, 김흥호, 김치빈, 김상락, 김봉규, 천양님, 성명 미상 4명(19명)/ 독천교회: 정길성(1명)/ 매월교회: 임자일, 이태일, 이영심(3명)/ 삼호교회: 김상규, 성명 미상 1명(2명)/ 상월교회: 전도사 신덕철, 서석근, 김춘동, 윤성전, 임유상, 조인심, 이복만, 임항우, 이일, 조재윤, 신장모 씨이며, 성도 이재조, 이춘만, 송복윤, 임화상, 임남상, 진사울, 조정덕, 김길승, 임여상, 요셉, 전야곱, 조윤기, 마리아, 진대식, 임태광(26명)/ 서호교회: 전도사 노홍균(2명)/ 신흥교회: 장로 박병근, 그의 아들 박금규(2명)/ 영암읍교회: 전도사 김인봉 씨와 장로 김동흠, 안수집사 박인재 씨, 집사 김원배, 김윤자, 김동신, 노용식, 방인태, 채수원 씨, 성도 조종환, 김석영, 박영운, 박주상, 김옥준, 박태준, 윤상림, 이문찬, 김인례, 조부복, 장성심, 조소례, 김복순, 김종연, 김천순(24명)/ 천해교회: 목사 박석현, 사모 김귀남, 아들 박원택, 집사 나옥매, 문봉순, 오죽현, 김민수, 현영필, 해남댁, 필남(10명)

*"희생과 헌신
순교신앙이
잠잠하던
교회들의 동력을
일깨우다"*

독천교회

161 강진읍교회

강진군 강진읍 연지길 12   http://www.gjechurch.com

강진읍교회는 1913년 설립되 었고 1914년 탑동 207번지에 한옥 5칸이 예배당으로 마련되 었다. 초기에는 조명선 조사, 최 복삼 조사 등이 교회를 섬겼다. 조사는 오늘날 전도사에 해당 된다. 당시의 영수가 장로에 해 당된다면 조사는 목회자가 없 을 때 강단을 맡았던 직분을 말 한다. 강진읍교회는 3. 1운동

당시 이기성 외 13명이 구속될 정도로 독립운동에 적극적으 로 참여했다. 이러한 정신은 계 승되어 신사참배도 적극 반대 하였으며, 1950년 8월 6일에는 담임목사였던 배영석 목사가 순교하였다. 또한 강진읍교회 는 민주화운동에도 앞장 서기 도 했다.

1919년 4월에는 3.1 운동사건으로 이기성 성도를 비롯한
13명이 구속됐습니다. 그리고 1940년에는 신사참배를
거부했다는 이유로 성도들이 투옥됩니다.

강진읍교회

162 서재필기념공원

보성군 문덕면 용암길 8

서재필 기념공원에 세워져 있는 독립문(獨立門)

"독립투사 송재 서재필선생의 유혼이 머무는 공간"

전남 보성은 서재필의 외가이다. 이곳에서 태어나 6세까지 지냈다. 친가는 충남 논산시 연무읍 금곡1리 화석마을이다. 서재필은 1884년 갑신정변 실패 후 미국으로 망명하여 우리나라 최초의 양의사가 되었다. 1896년 귀국하여 조국의 독립을 위해 독립신문을 제작, 독립협회를 결성하여 독립문을 만들고 평생을 독립운동에 몸 바쳤다. 서재필 생가는 6.25 때 소실된 것을 2003년 복원하였다. 생가 근처에는 유물전시관과 독립문, 조각공원이 있다.

송재 서재필 선생의 사당 정문인 開化門(개화문)

애국지사 송재 서재필 선생상

163 순천 기독교선교역사박물관

순천시 매산길 11

순천기독교역사박물관(기독의원 내)

19세기 말부터 20세기 중엽까지의 호남동부권 지역의
생활 모습을 유추할 수 있는 유물, 사진들이 전시되어 있고,
전시실도 방처럼 구성되어 있어 역사와 조상들의 삶을 알 수 있는 박물관

순천 기독교역사박물관은 매산여자고등학교 바로 아래에 자리 잡은 순천기독진료소 2층에 위치하고 있다. 이 자리는 한국에서 태어나, 한국을 위해 살다 한국에서 생을 마친 휴 린턴(한국명 인휴) 선교사 부부가 결핵 환자들을 위해 세웠다. 선교를 위해 물심양면 애쓴 조지 왓스 라는 성도를 기념하기 위

해 1925년 세워진 이 건물은 성경학교, 선교사 숙소, 순천노회 교육관, 결핵진료소 등으로 사용되면서 명맥을 이어왔다. 순천기독교진료소 2, 3층에 자리 잡고 있는 이 박물관에는 구한말부터의 기독교 선교현장을 담은 사진과 외국 선교사들이 서방세계에 한국을 소개하기 위해 제작한 달력 등 선교자료들이 전시돼 있다. 또한 휴 린튼 선교사 등 선교사들이 사용했던 생활도구가 그대로 보존되어 있다. 마당에는 유진 벨 선교사의 부인인 로티 벨, 고라복 선교사의 묘비를 비롯하여 이곳에서 젊음을 바친 선교사들의 기념비와 순교, 순직한 성도들의 추모비가 있다.

164 순천 매산고

순천시 영동길 58 http://maesan.hs.jne.kr

매산중학교와 매산고등학교, 매산여자고등학교를
통칭하는 순천매산학교는 전남 동부지역의 근대교육의 산실이자
항일·호국에 앞장선 유산을 계승한 '뼈대 있는' 학교다.

순천매산고등학교는 1913년 3월 미국 남장로교 선교사인 변요한, 고라복에 의해 순천시 금곡동에서 설립되었다. 1911년 매곡동으로 교사를 신축하여 이전했다. 순천 매산중·고등학교는 현재 학교법인 호남기독학원으로 광주, 순천, 전주, 목포 등에 유치원부터 대학까지 재단 산하의 기독교 학교들이 있다.

순천에는 순천매산중학교, 순천매산고등학교, 순천매산여자고등학교가 있다. 순천매산고등학교가 위치한 매산동산에는 선교유적지가 많다. 당시 선교사들이 건축한 건물들이 보존되어 있을뿐만 아니라 기독결핵진료소(등대선교회) 건물도 있다. 그곳에는 고라복 선교사 기념비도 있다.

순천 매산고

165 신황교회 & 광양기독교100주년기념관

광양시 진상면 황죽리 1395

전남 광양시 진상면 황죽리 곰골마을은 광양
지역 지역인들이 스스로 복음을 받아들였고
1905년 광양 최초의 예배당인 신황교회를
설립하고 전남 동부와 경남 화동지역의 선
교기지가 되었다. 특히 광양시 기독교 선교
100주년 기념관을 건립 개관하였다.
지하 1층, 지상 3층의 기념관에는 한국 선교
역사와 광양지역 역사와 한국기독교순교자
기념관이 층별로 구성되어 웅동지역의 역사
적 상징이 되고 있다. 특히 기념관 뜰에는 신
사참배를 거부하다가 옥사한 양용근 목사,
공산당에 의해 순교한 안덕윤, 조상학 목사
의 순교기념비가 옷깃을 여미게 한다.

신황교회

"광양 기독교의
시작점 신황교회"

'광주에 '야소교'가
새로 들어왔는데
이를 믿으면 노름도
하지 않고 새사람이
된다.'

광양 기독교 100주년 기념관 순교비

순교비

내부

166 여수애양원 & 손양원목사 순교기념관

여수시 율촌면 산돌길 70-62 http://www.aeyangwon.org

손양원 목사 순교기념관

여수시는 "네 원수를 사랑하라"는 가르침 실천한 손양원 목사의 순교 신앙을 계승하고 그가 남긴 순교 자료를 보관하기 위해 1997년 4월 순교기념관을 개관했다

삼부자 순교탑

삼부자 묘

한센역사기념관

애양원교회

순교비 손양원 목사와 두 아들을 비롯한
12명의 순교자들을 추모하며 제작된 부조

손양원 목사 순교지 공원

여수 애양원은 1909년 4월, 광주에서 시작되었다. 포싸이드 선교사가 광주에서 활동하던 윌슨 선교사로부터 급한 전보 한 장을 받았다. 오원 선교사가 위독하니 광주로 빨리 올라오라는 내용이었다. 포싸이드 의사는 전보를 받은 즉시 달려가던 중 광주 가까이 왔을 때 길가에 한센병으로 쓰러져 있던 환자를 보고 그냥 지나칠 수 없어 돌보던 중 봉선리 벽돌을 굽던 가마터에 그 환자의 거처를 마련하여 치료해주고 복음을 전해준 것이 애

양원의 효시이다.

1911년 11월 1일에 조선 총독부로부터 병원 인가를 받았고 1926년 11월 9일에는 조선총독부의 퇴거명령으로 현재 위치로 이전하게 되었다. 손양원 목사는 1939년 7월 14일에 여수 애양원교회로 부임했다. 끝까지 신사참배를 거부했으며 해방 후 1948년에는 여순반란사건으로 인해 두 아들을 잃기도 했다. 손양원 목사도 결국에는 1950년 9월 13일 공산군에게 체포되어 1950년 9월 28일 순교의 길을 걸어가게 되었다.

167 우학리교회

여수시 남면 우실안길 36

순교기념비

> *"쥐를 잡는 고양이는 못되지만*
> *고양이 울음소리를 내서*
> *쥐를 쫓을 수 있습니다."*
> *- 이기풍 목사의 우학리교회 첫 설교 중 -*

이기풍 목사를 만나러 우학리교회를 찾아가
는 길은 먼 길이다. 제주도에 첫 선교사로 파
송되었던 이기풍 목사의 마지막 목회지가 우
학리교회였다. 70세의 고령의 나이에 우학리
교회 4대 목사로 파송되어 사역하던 중 당시
일제 치하에서 신사참배를 거부했다는 이유
로 옥고를 당했다. 수차례 고문과 심문을 당
하다가 병고로 임시 출감 중, 1942년 6월 20
일 주일설교를 마친 후 사택에서 하나님의
부름을 받았다. 섬에서 시작한 목회를 섬에
서 마감한 것이다.
우학리교회는 이를 기념하기 위하여 교회 창
립 100주년을 맞이하는 2006년 4월 '이기풍
목사 순교기념관' 준공식을 가졌다.

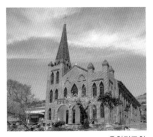

우학리교회

이기풍 목사가 사역할 당시의 건
물 그대로를 복원하였다. 당시 교
회는 변요한 선교사가 한국에 많
이 지은 건축양식으로 변요한式
건축설계와 공법으로 지어진 건물
이다.

168 소록도중앙교회

고흥군 도양읍 양지회관길 8

국립소록도병원은 1916년 5월 17일에 일본 총독부에 의해서 전남 도립 자혜의원으로 개원하였고, 일본인 아리가와 씨가 제 1대 병원장으로 부임하였다. 제 2대 병원장인 하나이 젠기스(花井善吉, 1921. 6. 23 - 1929. 10. 16)때에 1922년 10월 8일 일본 성결교단 전도목사인 다나까 신 사부로(田中道三郎)가 총독부의 허가를 받아 소록도에 복음을 전하게 되었다. 소록도중앙교회는 소록도에서 가장 중심지역인 중앙마을 오락실에서 1938년 1월 1일 이채권(李彩權) 전도인을 중심으로 창립예배를 드렸고, 지방순회 목사인 오석주 목사가 주기적으로 예배를 인도하였다. 이 때 교회는 일본인 병원 직원들의 신사참배강요, 일본인 원장 동상 숭배 강요 등으로 갖은 핍박과

고난의 세월을 보내야만 했다. 그러나 성도들은 그 고난 속에서도 믿음을 지키며 눈물로 기도하며 부르짖다가 해방을 맞이하였다. 1945년 8월 22일 해방과 함께 맞이한 것이 8. 22 참사사건이다. 자치권을 요구하다 많은 사람이 희생되었고 그 중에 중앙교회 이경도, 정환수, 김원식, 이차하 집사 등이 희생되었다. 그러나 남은 자들이 교회를 끝까지 신앙으로 지켰다. 1946년 6월 10일에 김차동을 첫 번째 장로로 세워 교회는 점차 안정되어 갔으나 한국전쟁을 겪으면서 김정복 목사가 50년 9월 30일에 공산당에 의해 순교당하는 아픔을 겪기도 했다. 하늘나라에 소망을 두고 살아 가는 이들의 모습은 순례자들을 부끄럽게 하고 있다.

"소록도는 일제가 한센병을 천형의 질병으로 생각하고 한센인에게 인권유린하고 강제노역을 시키고 모진 고문을 했던 곳"이라며 "하지만 예수님을 믿으면서 '찌라도' 신앙으로 견디었다고 한다. 그럴찌라도 모든 생활에 감사하고, 그럴찌라도 우리는 주님으로 인해 행복하다고 고백했다"

소록도중앙교회

169 하멜기념비

서귀포시 안덕면 사계남로216번길 24-30

하멜표류기 희생 선원 위령비

*용머리해안 인근 하멜상선 전시관이 노후화로 인해
철거되었습니다. 단, 하멜기념비에는 가실 수 있습니다.*

우리나라를 서방 세계에 최초로 알린 유럽인
들은 1653년 8월 16일 제주 부근 해역에서
태풍으로 난파 당하여 제주로 표류한 네델란
드 동인도회사의 선원들이었다.

핸드릭 하멜을 포함한 64명의 선원을 태운
상선 스패로우 호크는 대만에서 일본 나카사
키를 향해 항해 도중, 대만해협에서 치명적
인 태풍을 만나 그 당시 대정현이었던 모슬
포 부근에 상륙한 것으로 전해진다.

이 하멜기념비는 핸드릭 하멜의 공덕과 네델
란드와 한국간의 우호증진의 증표로 1980년
4월 1일 한국국제문화협회와 주한 네델란드
대사관에 의해 산방굴사 바로 앞 해변가 언
덕에 세워진 것이다.

170 성안교회

제주시 중앙로 470   http://www.jejuseongahn.org

성안교회는 한국 장로교가 배출한 최초의 7인 목사 중 한 분으로 제주도 선교사로 파송받은 이기풍 목사가 설립한 교회이다. 성안교회는 이기풍 목사가 세 명의 신자들과 함께 향교골에서 기도회로 시작되었다.

이기풍 목사가 제주도에 도착했을 때는 이미 제주도에 신자들이 있었던 것이다. 1909년 일도리 중인문 안에 초가 6칸을 매입하여 교회당을 마련하였다. 1922년에는 영흥 야학교를 시작했고, 1924년에는 제주도 최초의 유치원인 중앙유치원을 개원하기도 했다. 성안교회는 기장측에 속해 있는데 성내교회와 분열의 아픔을 맛보기도 했다. 성안교회 마당에는 이기풍 목사 기념비가 서 있다.

성안교회

최초의 성내교회터

제주성안교회는 제주 최초의 개신교 교회이며,
제주지역 개신교들의 어머니 교회로서의 역할을 하였다.

이기풍목사 선교 기념비

목사 이기풍, 장로 김재원 공적비

171 대정장로교회

서귀포시 대정읍 추사로36번길 11

대정교회

이도종 목사는 제주 출신 제1호 목사이자 첫 순교자이다.

이도종 목사의 순교 기념비

대정교회는 제주 출신 제1호 목사이자 첫 순교자인 이도종 목사가 시무하던 교회로 교회 앞뜰에는 이도종 목사의 순교기념비가 세워져 있다. 이기풍 목사의 전도로 평양신학교에 입학하게 된 이도종 목사는 17세가 되던 해 이기풍 목사를 만나 주님을 영접하게 되었다. 그는 광주교회의 청빙을 받았으나 이를 거절하고 고향으로 돌아와 여러 지역을 순회하며 열심히 전도활동을 했다. 1948년 4. 3사건이 일어나 제주도 전체가 일대 혼란에 빠졌음에도 대정교회를 비롯한 여러 교회를 돌보았다.

1948년 6월 화순교회에 예배를 드리기 위해 자전거를 타고 가던 중 공산당원을 만나 산 속으로 끌려갔다. 안타깝게도 그 자리에는 화순교회 집사도 있었다. 그 집사가 공산군이 승리할 수 있게 해달라고 기도부탁을 하자 이를 거절하고 결국 생매장 당해 순교하고 말았다.

172 금성교회

제주시 애월읍 금성하안길 3

제주도 최초의 교회는 금성교회다. 그럼에도 많은 사람들이 성안교회로 알고 있다. 그것은 성안교회가 이기풍 목사가 설립한 교회이기 때문에 그렇게 생각하는 것이다. 그러나 제주도에는 이기풍 목사가 들어오기 전에 이미 육지로 나갔다가 복음을 영접한 신자들이 있었다. 조봉호, 이도종, 조운길, 김진실 등 제주도 토박이 여덟 명이었다. 후에 이들이 이기풍 목사를 만나 설립한 교회가 바로 금성교회다. 이들 중 이도종은 제주 출신으로 처음 목사가 되어 대정교회를 섬기다 4. 3 사건 때 순교했다. 지금은 그리 큰 규모의 교회가 아니지만 제주도 첫 자생 교회라는 것만으로도 순례자들이 제주도에 간다면 금성교회를 찾아가야 하는 중요한 이유가 된다. 제주도에 가면 바다만 보지 말고, 유채꽃만 보지 말고 골고다를 향했던 주님의 발자취를 따라 복음의 길을 걸었던 선진들의 음성을 들어야 한다.

*"금성교회는
제주도 첫 자생교회"*

금성교회

173 모슬포교회

서귀포시 대정읍 하모이삼로15번길 25

*"모슬포교회가 있는
이 자리는
이기풍 선교사님이 세운
최초의 복음의 터다"*

평양신학교 제1회 졸업생 7목사중 세칭 깡패 목사인 이기풍 목사는 1908년에 제주에 입도하여 전도를 시작했고 1909년 9월에 서귀포시 대정읍 신창호 교인 댁에서 모슬포교회를 설립, 초대목사가 된다. 제주도에서는 기독교를 서양 신앙으로 보고 부정적인 거부가 심했다. 더구나 일제 때는 물론 해방후 공산당의 준동으로 많은 환난을 당했다고 볼 수 있다.

모슬포교회 2대 담임 윤식명 목사는 독립군 자금지원으로 10개월 징역을 살았고, 1920년에는 하모리에 광선의숙을 설립하고 신교육을 하였고 최초의 여의사 고수선을 배출했고 여성계몽, 독립운동에 힘썼다. 제주도 기독교회는 많은 순교자가 있다. 제주 출신 1호 목사인 이도종 목사는 1948년에 생매장으로 순교당했고 대정교회 순교비가 있으며 17명의 성도가 공산당에 의해 순교했다.

8대 조남수 목사는 빨치산의 무력에 의해 쌀, 의복, 돈 등을 협조한 3천명에 달하는 양민들의 목숨을 부지할 수 있게 함으로 모슬포 진개동산에 공적비를 세워 기리고 있다. 특히 모슬포교회는 늘 약자의 편에서서 고통과 아픔을 나눈 교회로 6,25 때는 피난민 150명을 구제하여 숙식을 제공하기도 했다.

모슬포교회 역사관

174 이기풍선교 기념관

제주시 조천읍 남조로 2125

이기풍선교 기념관

이기풍선교 기념관 입구

이기풍 목사 제주선교 백주년기념비

제주관광안내도

이기풍 목사 선교 기념비

"이기풍목사는 32세 나이로 제주 선교사로 파송된 후 제주에서
사역하면서 성안교회를 비롯하여 10여 교회를 제주에 세웠다"

제주도 이기풍 목사는 1868년 평양에서 태어난 유명한 깡패였다. 평양 시내에서 복음을 전하던 마펫 선교사의 턱을 돌로 쳐 부상을 입힐 정도였다. 이런 사람을 하나님께서는 종으로 삼아 한국 장로교 역사상 최초의 7인 목사 중 한 사람으로 삼았다. 1907년 목사 안수를 받은 직후 마펫 선교사에 의해 제주도 선교사로 파송 받았다. 복음을 전하던 선교사를 폭행하던 사람이 제주도 선교사가 되었으니 핍박을 받아도 할 말이 없었다. 참으로 하나님의 섭리는 묘하다고 하겠다. 제주 성안교회를 비롯하여 10여 개의 교회를 설립했으며 후에는 전라도로 임지를 옮겨 목회하시다 결국에는 고문의 후유증으로 하나님의 부름을 받았다. 이에 제주지역의 교회들이 이기풍 목사의 순교정신을 기리기 위해 이기풍선교 기념관을 건립한 것이다.

175 마라도교회

서귀포시 대정읍 가파리 602

마라도는 대한민국 최남단에 위치한 작은 섬이다. 동서의 폭이 500m, 남북의 길이가 1. 2Km인 작은 섬이다. 주민은 약 30여 가구에 80여 명이 살고 있다. 마라도에 복음을 전하고 교회를 세운 사람은 방다락 목사다. 1984년 12월 24일 당시 전도사로 마라도에 와 복음을 전하기 시작했다. 방다락 목사는 "땅끝까지 이르러 내 증인이 되라."고 하신 주님의 말씀에 순종하여 이곳에 와 복음을 전하며 교회를 지키고 있다. 1985년 태풍 때는 예배당 전체가 날아가는 아픔을 겪기도 했지만 자비로 모래와 시멘트를 사서 예배당을 보수하고 있었는데 여행을 왔다가 이 광경을 지켜본 여인들이 870만 원을 모아 보내주어 현재의 예배당을 건축할 수 있었다.

마라도교회

*"땅끝까지 이르러
내 증인이 되라"
주님의 말씀에
순종한 방다락 목사*

마라도

[ㄱ]
강경 북옥감리교회 _ 95
강경성결교회 _ 96
강경침례교회 _ 94
감리교신학대학교 _ 38
강진읍교회 _ 176
강화교산교회 _ 50
강화서도중앙교회 _ 55
강화중앙교회 _ 52
경안고등학교 _ 109
경주제일교회 _ 116
고신대학교 _ 127
고신대학교 복음병원 _ 128
공주영명중고등학교 _ 81
공주제일감리교회 _ 82
공주침례교회(현, 꿈의교회) _ 83
광주 양림교회 _ 156
광주 양림동산(양림동선교사묘지) _ 152
광주수피아여고/ 숭일고 _ 158
광주제일교회 _ 159
광혜원 _ 16
교동교회 _ 54
구림교회 _ 172
구세군 _ 28
국제성서박물관(주안감리교회) _ 49
군산아펜젤러순교기념교회 _ 138
군위성결교회 _ 112
금산교회 _ 149
금성교회 _ 187

[ㄴ]
남양감리교회 _ 62
남전교회 _ 135
남평교회 _ 160
남해읍교회 _ 134
내리교회 _ 47
내매교회 _ 101
논산 병촌성결교회 _ 97

[ㄷ]
대구 계성고등학교 _ 119
대구 신명고등학교 _ 120
대구제일교회 _ 117
대불호텔전시관 _ 46
대전신학대학교 _ 89
대정장로교회 _ 186
대창교회 _ 148
대한수도원 _ 75
독천교회 _ 175
동래중앙교회, 한국기독교선교박물관 _ 126

두동교회 _ 137
두암교회 _ 150

[ㄹ]
리차드슨기념관 _ 147

[ㅁ]
마라도교회 _ 190
마량진성경전래지 _ 91
매봉교회 _ 79
모슬포교회 _ 188
목원대학교 _ 87
목포 공생원 _ 170
목포 양동교회 _ 168
목포 양동제일교회 _ 169
목포 정명여고 _ 167
문준경전도사 순교기념관 _ 165

[ㅂ]
배재학당역사박물관 _ 19
보구녀관/이대부속병원 _ 21
부산진일신여학교 _ 125
부산 장신대학교 _ 129
부산진교회 _ 124
비안교회 _ 106

[ㅅ]
사월교회 _ 121
삼도교회 _ 154
상락교회 _ 105
상월교회 _ 173
새문안교회 _ 18
서교동교회 _ 25
서울성공회성당 _ 27
서울신학대학교 _ 68
서재필기념공원 _ 177
성결대학교 _ 69
성공회강화성당 _ 56
성공회대학교 _ 44
성내교회 _ 102
성니콜라스정교회 _ 39
성안교회 _ 185
세곡교회, 내곡교회 _ 26
소래교회 _ 59
소록도중앙교회 _ 183
수원동신교회 _ 64
수원종로교회 _ 63
수촌교회 _ 66
순직 호주선교사 묘원 _ 132
순천 기독교선교역사박물관 _ 178

순천 매산고 _ 179
숭실대학교 _ 41
숭실대학교 한국기독교박물관 _ 42
승동교회 _ 22
신대교회 _ 90
신황교회 & 광양기독교100주년기념관 _ 180

[ㅇ]
아펜젤러순직기념관 _ 92
아현교회 _ 37
안동교회 _ 107
야월교회 _ 162
양화진 외국인묘지공원 _ 13
여수애양원 & 손양원목사 순교기념관 _ 181
연당교회 _ 104
연동교회 _ 23
연세대학교 _ 34
염산교회 _ 161
영락교회 & 순교자 김응락 장로 _ 32
영명선교사 사택 및 선교사묘 _ 82
영암읍교회 _ 171
영주제일교회 _ 103
영화초등학교 _ 48
예수원 _ 3
오방 최흥종기념관 _ 157
온수리성공회성당 _ 57
용장교회 _ 99
용학교회 _ 164
우일선 선교사 사택 _ 155
우학리교회 _ 182
월평교회 _ 122
의료선교박물관(동산의료원) _ 118
이기풍선교 기념관 _ 189
이원영 목사 생가 사은구장(仕隱舊庄) _ 108
이화여자대학교 _ 21
이화장 _ 30
이화학당 _ 20
인노절 선교사비 _ 110

[ㅈ]
자천교회 _ 115
장로회신학대학교 _ 43
장흥교회 _ 74
전주 기전여자중 · 고등학교 _ 145
전주 서문교회 _ 142
전주 신흥고등학교 _ 146
전주 예수병원 _ 144
전주기독교근대역사기념관 _ 143
정동제일교회 _ 17
정신여학당 _ 24

제내교회 _ 140
제암리교회 _ 65
주기철 목사 기념관 _ 130
주시경 마당 _ 29
중화교회 및 백령기독교역사관 _ 58
지도봉리장로교회 _ 166
지리산 선교사유적지 _ 151
진주교회와 형평운동 _ 133

[ㅊ]
척곡교회 _ 100
천곡교회 _ 77
천해교회 _ 174
철원감리교회 _ 73
청송 화목교회 & 엄주선 선교테마공원 _ 111
청주 양관 _ 84
청주제일교회 _ 85
초량교회 _ 123
총신대학교 _ 40
최용신기념관 _ 67
춘천중앙교회 _ 72

[ㅋ]
칼 귀츨라프 선교사(고대도교회) _ 93

[ㅍ]
포항제일교회 _ 113

[ㅎ]
하리교회 _ 141
하멜기념비 _ 184
한국교회순교자기념탑 _ 33
한국기독교100주년기념탑 _ 45
한국기독교순교자기념관 _ 60
한국기독교역사박물관 _ 61
한국침례신학대학교 _ 88
한남대학교(인돈학술원) _ 86
한동대학교 _ 114
한서 남궁억기념관 _ 76
한신대학교 _ 70
한일장신대학교 _ 139
함안 손양원 목사 생가 _ 131
합일초등학교 _ 53
해밀턴 쇼 _ 31
해제중앙교회 _ 163
행곡교회 _ 98
협성대학교 _ 71
호남신학대학교 _ 153
홍의교회 _ 51
황등교회 _ 136